사람을 세우는
14가지 말

예비영유아교사에게 꼭 전하고 싶은 마음의 메세지!

사람을 세우는
14가지 말

김 승 희

양 성 원

들어가며 ....

사람을 세우는 일은 교사의 가장 핵심적이고 궁극적인 사명입니다. 특히 영유아교사는 사람의 기초를 세우는 매우 중요한 책임을 부여받은 직업입니다.

그런데 요즘 대중매체를 통해 보게 되는 일부 영유아교사들이 그들의 사명을 소홀히 하는 장면들은 많은 사람들의 분노를 자아내게 할 뿐만 아니라 영유아교사가 갖고 있는 자존감을 실추시켰습니다. 영유아교사는 정말 소중한 분들입니다. 왜냐하면 영유아교사들을 통해 자라나게 될 사회 각 구성원들이 각자의 삶 속에서 다른 사림과 바람직한 관계를 맺으며 행복을 영위할 수 있기 때문입니다. 사회의 다양한 영역에서 활동하게 될 귀한 사람들을 세워주는 가장 근원적인 힘이 영유아교사에게서부터 출발한다고 생각합니다. 물론 '교사'라는 직분을 갖고 계신 초등, 중등, 고등 선생님들 모두 동일하게 사람을 세우는 중요한 사명을 갖고 계신 분들입니다. 사람마다 자신에게 의미 있는 선생님을 만나는 시기는 다를 수 있으니까요. 하지만 세상을 처음 접하는 영유아들에게 무엇이 좋은 것인지, 무엇이 내게 맞는 것인지, 어떻게 표현해야 하는지 알려주는 영유아교사의 몫은 그 중요성을 수만 번을 강조해도 모자라지 않을 것입니다.

저는 말을 그렇게 잘하는 사람이 아닙니다. 말 수도 원래 적지만 말을 선천적으로 유창하게 잘하지 못합니다. 그런데, 하나님을 믿고 나서 말을 잘해야 하나님의 사랑을 잘 전할 수 있겠다는 생각으로 몇년 동안 말하는 연습을 남몰래 하기도 했습니다. 그런 사람이 지금 대학 강단에서 학생들에게 강의를 한다는 것이 좀 이상하겠지요. 그런데, 강의를 하면서 알게 된 사실은 사람을 세우는 일은 "말"만 하는 일이 아니라는 것입니다.

"말"만 해서는 안 됩니다. 이 책은 말의 기술을 가르치고자 하는 것이 아니라, 말에 마음을 담을 수 있다는, 마음을 담아야 한다는, 진정한 마음을 담은 말만이 사람을 세우는 엄청난 힘을 낼 수 있다는 제 마음을 전달하고자 하는 것입니다. 그 마음 가장 깊은 곳에 "사랑"이 있음을 확신하십시오.

2017년 새해에.

애학(愛學)김승희 드립니다.

목차

1
장

당신은 정말 중요한 사람입니다

저는 유아교육을 공부하기 전 생물학을 공부했었습니다. 생물학과에서 유아교육학과로 편입을 하고서, 저는 참 많은 변화를 겪었습니다. 거기에는 적응하기에 어려운 변화가 대부분이었지만, 또한 그 대부분이 '씨익' 미소지을 수 있는 즐거운 경험이었습니다.

그 중, 저를 참 감동케 했던 말이 있었습니다.

"당신은 unique 한 사람입니다!"

제가 이 말을 들었을 때의 충격이란 이루 말할 수가 없었습니다. 한창 영단어vocabulary 속에서 참 많이도 보았던 단어로서, unique라는 단어는 마치 '네가 내 이름을 불렀을 때 드디어 꽃이 되었다고 했던' 김춘수의 "꽃"이라는 詩에서처럼, 그 단어 자체가 갖는 "특별함" 이상의 의미를 제 가슴에 심어주었습니다.

유아교육에서 'unique'는 매우 중요한 가치를 의미합니다.

유아교육에서 모든 유아들은 'unique'한 존재라고 말합니다.

그래서 존귀합니다. 소중합니다. 함부로 할 수 없습니다. 'early child' 또는 'early children'이라는 용어로 분류되어질 수 있지만, 그렇다고 모든 유아들을 같은 특징을 가진 존재로 묶어 버리는 실수를 범하면 안됩니다. 유아들이 unique하다는 것은 이 세상에서 단 하나밖에 없는 존재라는, 그들이 존중받아야 할 권리를 의미하기 때문입니다.

그냥 여자일 수 있는데, 그냥 학생일 수 있는데, 그냥 지구촌이라는 사회의 한 구성원일 수 있는데, 그 unique라는 단어의 특별함은 제가 이 세상에 누구와도 다른 여자이기 때문에, 이 세상에 누구와도 다른 학생이기 때문에, 이 세상에 누구와도 다른 지구촌의 구성원이기 때문에 이제는 그냥 산다는 것은 나에게 무책임한 행동이구나 하는 생각을 갖게 해 주었습니다. 물론 이 특별함은 자기중심적이거나 자만심, 자존심과는 다른 자아존중감에 관한 것입니다. 왜냐하면 자신이 진정한 마음으로 자신을 존중할 줄 아는 사람이 다른 사람을 진정한 마음으로 자신을 존중하듯 존중할 수 있기 때문입니다.

지금 사회에는 제4차 산업혁명에까지 이르고 있는 사회 경제적 변화로 인하여 가족의 구조가 급변하고 비정상적인 가족의 형성으로 유아들의 기본적인 관계가 깨어지기도 하고 또 많은 긴장을 동반하는 새로운 관계가 만들어지기도 합니다. 영유아기의 중요한 관계로서 1차 양육자인 부모와의 정서적 유대감으로 형성되는 애착(attachment)은 유아들이 성장하면서 형성되는 사회성과 밀접한 관계가 있습니다. 그에 대한 중요한 실험으로 한 초등학교에서 어린이들에게 반 친구들 중 자신의 생일에 초대하고 싶은 사람을 3명만 종이에 적어내도록 하였습니다. 결과는 놀라웠습니다. 어떤 친구는 모든 친구가 적어 낸 초대하고 싶은 친구의 목록에 올라있었지만 어떤 친구는 어떤 친구에게도 선택받지 못했습니다. 그 결과와 함께 그 실험을 한 어린이들의 애착에 대한 검사를 해보았더니 반의 모든 친구들에게 선택을 받은 어린이는 안정 애착을, 모든 친구들에게 선택을 받지 못한 어린이는 불안정 애착을 형성하고 있다는 것을 알 수 있었습니다.

여기서 우리는 생각해 보아야 할 것이 있습니다. 이렇게 1차 양육자와 애착을 형성하지 못한 어린이는 정말 긍정적이고 원만한 사회적 관계를 맺을 수 있는 사회성을 발달시킬 수 있는 가능성이 없느냐 하는 것입니다. 너무도 감사한 일은 최근 많은 영유아교육기관에 다니는 영유아와 영유아교사들에 대한 연구에서 그렇게 1차 양육자와 애착을 형성하지 못한 영유아들이 2차 양육자인 영유아교사와 바람직한 애착을 형성하게 될 경우 긍정적인 사회성을 발달시킬 수 있다는 결과를 밝히고 있습니다. 영유아 교사들은 너무도 중요한 분들입니다. 사람을 세우는 기본적인 주춧돌을 놓아주는 역할을 합니다. 이것이 부모님들과 연계되어 이루어진다면 더 바랄 것이 없겠지요.

제가 학부시절에 저의 모교인 중앙대학교 사범대학 부속유치원에 가서 과학활동을 실습했던 경험이 있습니다. 그때 저는 〈맛보기 잔치〉라는 활동명으로 유아들의 감각에 대한 수업을 하였는데, 이것은 껍질을 벗기면 하얀색이 나오는 열매들인 배, 사과, 고구마, 감자, 밤을 깍두기 모양인 정육면체로 잘라 작은 접시에 올려놓고 눈에 안대를 한 유아들이 한 명씩 맛을 보며 열매의 이름을 알아 맞추는 활동입니다. 유아들은 한껏 부풀은 듯한 모습으로 안대를 하였습니다. 그런데 그 중 한 남자 아이가 고구마를 먹더니 이런 말을 하였습니다.

"선생님, 제가 태어나서 처음 먹어보는 맛이에요!"

저는 그 말을 듣고 깜짝 놀랐습니다. 그리고는 마음속으로 '그렇구나!'하고 무릎을 쳤습니다. 어쩌면 영유아교육기관에서 영유아들을 만나는 교사는 아이들에게 "세상"이라는 곳에 그들이 걸어갈 다리를 놓아주는 첫 번째 사람일 수 있겠다 싶었습니다. 얼마나 중요한 사람입니까!

예전에는 인지적 지능(IQ)으로 사람의 능력을 판단하기도 하고 사람의 미래를 예측하기도 했습니다. 하지만, 요즘은 정서지능(EQ), 사회지능(SQ) 그리고 다중지능까지 연구되어 사람의 능력에 대한 연구가 다각도로 면밀히 이루어지고 있습니다. 그러나 특별히 유전적 요소를 다분히 갖고 있는 인지적 지능(IQ)은 일반적으로 집단 내 분포도를 그려 볼 때 양측이 내려가고 가운데가 불룩 솟은 정규분포의 종 모양을 이룹니다. 가운데 솟은 부분은 평균적 지능을 가진 사람들이고 내려 간 양측 중 왼쪽은 미숙아, 오른 쪽은 천재 또는 영재로 불리는 부류의 사람이라고 할 수 있습니다. 즉. 인지적 지능(IQ)이라는 기준으로 보았을 때 세 부분, 평균적인 사람, 미숙아, 천재(영재)로 분류한다면 과연 어떤 부류가 가장 행복한 삶을 살 수 있을까요? 물론 이 질문을 받는 집단의 특징에 따라 응답은 다르게 나올 수 있겠지만 제가 수년간 강의했던 학생들의 대부분은 평균적인 사람이라고 응답을 하였습니다. 그런데 우리가 또 놓쳐서는 안 되는 중요한 질문이 있습니다. 그렇다면 미숙아나 천재(영재)는 행복한 삶을 살 수 없다는 것인가? 하는 것입니다. 우리의 역사에서 행복했던 천재 아인쉬타인이나 에디슨, 행복했던 헬렌켈러를 예로 든다는 것이 우리에게 진부한 사례가 아니었으면 합니다. 그리고 그들의 행복을 위해 숨은 조력자가 그들의 발달적 특징을 발견하고 도왔다는 것을 우리는 잊으면 안 될 것입니다. 일찍 발견할수록 더 잘 도울 수 있습니다.

저는 수업시간에 가끔 '순돌이'라는 아이의 이름을 등장시킵니다. 예전 모 TV 프로그램에서 저의 기억 속에 자리잡은 아이의 이름인데, 제가 수업 사례를 설명할 때 이 아이가 나오곤 합니다. 어느날, 순돌이가 유치원에서 자유선택활동 시간에 쌓기놀이영역에서 벽돌블록을 가지고 무엇인가를 만들고 있었습니다. 순돌이가 자신을 중심으로 주변에 둥글게 원으로 벽돌블록을 놓고 있는데, 그때 순돌이 곁으로 Piaget 선생님이 다가오셨습니다. 선생님은 매우 흥미롭고 관심있는 어투로 말씀을 하셨습니다.

"순돌아, 정말 멋지구나. 무엇을 만드는 거니?"

Piaget 선생님의 관심과 칭찬에 순돌이는 기분이 좋아져서 말을 합니다.

“멋지지요! 울타리예요!”

“그래! 정말 멋지다! 그 안에 있으면 정말 마음이 편안하겠어요.”

이러한 Piaget 선생님의 친구인 Vygotsky 선생님도 순돌이의 울타리를 보러 오셨습니다.

“와! 순돌아, 정말 멋지다! 이게 뭐야. 정말 굉장한데!”

순돌이는 Vygotsky 선생님의 말씀에도 신이 나서 울타리를 만들었다고 말을 합니다. 그런데 Vygotsky 선생님은 또 다른 말씀을 하십니다.

“그런데 순돌아, 그 울타리 한쪽에 문을 만들면 어떨까? 그러면 다른 친구들도 놀러 올 수 있을 것 같은데. 그리고 울타리 가운데에 작은 탑을 만들어 올라앉으면 울타리 너머 저쪽 멋진 풍경도 볼 수 있을 것 같구나.”

Piaget 선생님과 Vygotsky 선생님.
누가 순돌이에게 더 좋은 선생님일까요?

모두 좋은 선생님입니다.

순돌이가 더 발전할 수 있는 계단을 만드는 비계설정(scaffolding)을 해주신 Vygotsky 선생님도 정말 좋은 선생님이시지만, 순돌이의 현 상태를 그대로 인정해 주시고 받아주신 Piaget 선생님도 좋은 선생님이십니다. 어떤 영유아들은 선생님이 해 주시는 비계설정이 때로는 부담이 될 수 있기 때문입니다. 즉 영유아교사들은 영유아들에게 때로는 Piaget 선생님으로, 때로는 Vygostsky 선생님으로 변신을 잘해야 합니다. 그런데 그것을 잘하려면 정말 잘해야 할 것이 있습니다. 무엇일까요?

관찰입니다.

영유아들을 세심하게 관찰하고 그에 맞는 교육으로 안내해주는 교사야말로 좋은 선생님입니다. 영유아교사들에게 뒷머리에도 눈이 있어야 한다고 할 만큼 관찰이 쉬운 작업이 아니나 정말 영유아들을 사랑하고 안내해 주고 싶은 마음 때문에 우리가 현장에서 Piaget 선생님으로 Vygotsky 선생님으로 변신을 가능케 하는 열정이 발휘될 것입니다.

Piaget와 Vygotsky는 구성주의를 주장한 위대한 학자로서 책 속에서의 인물이 아니라 이미 우리 몸속에 체화되어 우리가 영유아교사로서 영유아들에게 좋은 안내자가 될 수 있도록 힘이 되어주려고 준비하고 있는 분들입니다. 하지만 그것은 또한 Piaget나 Vygotsky이전에 당신이 어떤 사람인가에 대한 확신에서 출발합니다.

당신은 정말 중요한
사람입니다!

2장

나와 동행해 주셔서 고맙습니다

칙칙폭폭, 칙칙폭폭!

예전 어렸을 때 둥그런 줄 속에 친구들 서너 명과 함께 들어가 기차놀이를 했던 기억이 있습니다. 참 재미나지요!

하지만 결코 이 기차놀이는 쉬운 놀이가 아닙니다. 왜냐하면 기차라는 줄 속에 들어가 있는 아이들이 서로 협력을 잘해야 하기 때문입니다. 맨 앞선 친구가 잘 달린다고 뛰어가도 안 될 것이며 맨 뒤의 친구가 자기가 못 달리니 뒤에 있다고 앞 친구들의 속도에 쳐져서도 안 됩니다. 더 더욱이 가운데 친구는 앞 친구와 뒤 친구들 사이에서 자신의 보폭을 잘 유지해야 합니다. 혹여 이

기차가 목표지점을 향하여 가는 것이고, 드디어 그 목표지점에 도착했다면 그것은 앞 선 친구의 능력이라고 할 수 없고, 목표지점에 도달하지 못했다고 뒤 친구의 잘못이라고도 할 수 없습니다.

동행은 그런 것입니다.

누가 더 잘나고 누가 더 못나고를 따질 수 없는 그냥 함께 하는 것으로 격려가 되고 기쁨이 되는 서로를 존중하는 마음의 표현입니다.

저는 유치원 현장에서 10여년 정도 유아교사로서 유아들과 함께 했습니다. 유아들과 함께 한다는 것은 정말 많은 헌신과 희생이 동반되기도 하지만 그것 또한 눈 녹듯이 사라지게 만드는 이상스런 비밀이 유아교육 현장에 있기도 합니다. 그 비밀은 10년을 저와 함께 해 주었던 유아들의 동행이었습니다.

큼지막한 교구장을 옮기다가 힘이 빠져서 있다가도 "선생님" 하며 조막만한 손으로 제 손을 잡아 줄 때, 온 몸에 파고들었던 피로감이 온데 간데 사라집니다.

어느 스승의 날이었습니다.

한 여자아이가 등원을 하였는데, 저를 보더니 막 달려와서 펄쩍 뛰어 안겼습니다. 한 손에는 장미꽃 한 송이, 또 한 손에는 카드 하나가 들려 있었습니다. 제 두 팔에서 내려선 그 아이는 저에게 꽃과 카드를 두 손으로 공손히 내밀었습니다. 저는 콩닥콩닥 설레는 마음으로 카드를 열어 보았습니다. 저는 거기에 삐뚤빼뚤 글씨로 쓰여진 말을 보고 저도 모르게 탄성을 질렀습니다.

"선생님, 잘 놀아주셔서 감사합니다!"

가르치는 것이 아니었습니다. 놀아주는 것이었습니다.

궁극적으로 유아교육에서 교육의 매체가 놀이이기는 하나, 아이의 말에서 놀이의 중요성을 느끼면서, 유아교사는 무언가의 지식을 가르치고자하는 선생님이면서 함께 놀며 즐거움을 나눌 수 있는 친구여야 한다는 강한 확신이 제 가슴을 파고들었습니다. 분명 계획과 의도가 없으면 교육이라고 할 수 없으나 그 계획과 의도가 교사의 치밀한 준비 속에서 유아들의 자연스러운 놀이로 탈바꿈 할 때 유아들은 유치원에서 또는 어린이집에서 자신감을 갖고 주체적으로 선택하는 법을 배우게 될 것입니다. 교사는 그것을 보여주는 멋진 친구인 것입니다.

유아교육기관에서 유아들은 선생님과 재미있는 놀이를 많이 합니다. 그 중 하나가 게임 활동입니다. 게임의 유형은 여러 가지가 있으나 현장에서 주로 유아들과 함께 하는 게임은 편게임입니다.

편게임은 두 팀으로 나누어 승리를 목표로 규칙을 지키며 서로 경쟁하는 가운데 교육목표를 달성하는 게임의 한 유형입니다. 그런데, 이 편게임을 지도할 때 늘 학생들로부터 받는 질문이 있습니다. 편게임에서 서로 이기려고 하는 목표가 교육적이냐 하는 것입니다. 당연히 이것은 교육적입니다. 다만 게임방법과 규칙을 지켜가며 승리를 쟁취해야겠지요. 편게임이 갖는 중요한 교육적 장점은 '소속감'을 갖게 해준다는 것입니다. '승리'라는 공동의 목표를 향하여 서로가 서로를 격려하고 응원할 뿐 아니라 자신을 집단의 한 일원으로서 책임감을 갖고 맡은 역할을 감당할 수 있도록 돕는 매우 다양한 교육적 가치를 갖는 활동이라고 할 수 있습니다.

유아들이 갖는 "편"이라고 해서 무시할 일이 아닙니다. 유아들은 자신이 속한 "편"의 승리를 위해서 열심을 다해서 몸을 움직이고 생각을 합니다. 그야말로 최선을 다하지 않으면 자신의 "편"이 낭패를 보기 때문입니다. 나보다 공동의 목적을 우선순위에 두고 행동하는 것이지요. 왜냐하면 유아들은 한 편의 구성원으로서 "책임감"을 갖게 되었기 때문입니다. 한 사람 한 사람 중요하지 않은 사람이 없습니다. 똑같이 공동체의 일원으로서 갖는 책임감으로 '동행'하는 순간들입니다. 그래서 모두 즐겁습니다. 공정한 관계 속에서 '동행'의 기쁨을 누리는 게임이 민주주의의 기초를 배우는 중요한 활동이라고 한다고 해도 과언이 아닙니다.

저는 이 게임을 지도하는 수업을 할 때 이런 말을 하고는 합니다.

"백석문화대학교 유아교육과 ~학년 ~반이라는 것을 언제 느끼나요?"

"내가 ~반이라는 소속감을 느끼나요?"

"언제 느끼나요?"

"느끼면 좋은가요? 좋지 않은가요?"

학생들은 이런 저의 질문에 M.T. 가서 반 대항 게임을 할 때, 밥 먹을 때 그리고 다른 반보다 무엇인가에 좋은 평가를 받았을 때 등에서 소속감을 느낀다고 대답을 했습니다.

그러면 저는 또 질문을 합니다.

"그 소속감과 함께 가져야 할 것은 무엇일까요?"

학생들은 자연스럽게 대답을 해 줍니다. '책임감'이라고 말입니다.

우리는 보통 책임감하면 내가 감당해야 할 짐(burden)'으로 느끼는 경우가 많습니다. 공동체에 대한, 공동체에서 내가 해야 할 일에 대하여 해야 하는 과제 같은 의무 말입니다. 하지만, 그 이전에 더 중요한 것이 있습니다. 나 자신에 대한 책임감입니다. 내가 정말 존귀하고 중요하다고 느낀다면 나를 함부로 할 수 없습니다. 책임감 있는 삶을 가꾸기 위해 최선의 노력을 해야 합니다. 좋은 직장도 멋진 배우자도 하늘에서 그냥 뚝 떨어지는 것이 아닙니다. 나에 대한 책임감 있는 노력을 할 때 주어지는 선물입니다. 그럴 때 내가 속한 곳에서의 소속감도 강해질 것이고 내 삶에서 나와 동행하는 모든 이들과 동행의 기쁨을 나눌 수 있을 것입니다.

결혼을 한 여자는 가정에 또 하나의 '편'이 있습니다. 남편은 삶의 중요한 동행자입니다. 보통 부부 중 아내에게 갖는 남편의 책임감만을 많이 강조하곤 합니다. 하지만 아내도 남편에 대한 책임감이 필요합니다. 남편의 30대, 남편의 40대, 남편의 50대에 대한 책임감이 필요합니다. 물론 남편이 아내에게 갖는 책임감도 마찬가지입니다. 그럴 때 부부는 참된 동행의 반려자가 될 것입니다. 비단 부부만이겠습니까! 가족이란 이름으로 모인 구성원들도 그렇습니다.

저는 최근 박사 모임에서 여고 동창생을 만났습니다. 병설유치원에서 원감으로서 유아들과 함께 하고 있었던 그 친구와 근 20여년 만에 만난 전 정말 가슴 벅찬 조우(遭遇)를 하였습니다. 고교동창만큼 좋은 친구가 없지요. 친구처럼 좋은 동행인이 없습니다. 그 친구와 저는 현장과 대학에 대하여, 또는 학문에 대하여, 그리고 교수법에 대한 등등의 여러 가지 이야기들을 나누지만, 특별히 저희 둘이 서로에게 해 주는 것이 있습니다. 서로의 발 앞에 돌부리가 있는지 보아주고, 먹을 것이 있으면 나누어주고, 쉴 곳이 있으면 알려 주는 등 서로가 본인이 보지 못하는 길에 대해 보아주고 들어주고 알려 줍니다. 서로가 서로에게 소속감을 느끼는 참 동행인이라면 당연한 모습이겠지요!

이미 서로 인정하였기에 같은 길을 함께 가는 것입니다. 누가 누구를 이끌어야 하는 것이 아니라 시간과 장소를 그리고 마음을 함께 해 주었음에 감사를 느끼는 것입니다.

그래서 교사는 유아들을 이끄는 교사의 모습도 필요하나 유아들보다 높은 수준에 있다고 자신을 인정하기 이전에 유아들과 놀이하는 참 동행인이 되어야 합니다.

유아들이 교사의 지시에 무조건 맹목적으로 순종하는 것은 있을 수도 없지만 그렇다고 교사가 존경스럽고 배울 것이 많아서

따르는 것이 아닙니다. 유아들이 선생님과 동행하는 즐거움을 느껴야 합니다. 선생님의 뒤를 졸졸 따라가다 보니 재미있는 것도 많고 행복하다는 것을 느껴야 합니다. 그런 유아들이 방실방실 웃는 것을 보고 선생님도 행복하겠지요. 동행입니다.

교사에게 행복을 주는 유아들의 동행에 교사 역시 감사해야 합니다.

리드(lead)하는 것만이 교사의 역할이 아닙니다. 함께 손을 잡고 걸어가 주는 것도 중요합니다.

저의 대학원 은사이신 박찬옥 교수님을 찾아뵌 어느 날, 교수님은 너무도 다정한 눈빛으로 저에게 말씀하셨습니다.

"우리 그때 논문 정말 재미있게 했었지요!"

논문을 지도해 주신 교수님께서 저의 논문을 지도해 주시는 동안 함께 재미있지 않았느냐는 말씀에 감사함이 저절로 우러나왔습니다.

우리..... 라는 단어는 교수님께서 저에 대해 책임감 있는 지도를 해 주셨을 뿐 아니라 저와 동행하셨던 즐거움의 표현이었습니다. 저의 자아존중감은 더욱 단단히 세워졌습니다. 이런 말씀을 통해 갖게 되는, 제가 좋아하는 분과의 정서적인 친밀감은 제 자신을 더욱 존귀케 만들어 주었습니다.

당신은 지금 누구와 동행하고 계십니까?
동행의 기쁨을 나누고 있습니까?
아직 못 나누었다면 왜 그럴까요?

먼저 말 해 보십시오.

"나와 동행해 주셔서
고맙습니다!"

3장

절대 포기하지 마십시오

한 동안 제가 영등포 소방서 앞에서 일산가는 버스를 탄 적이 있었습니다. 어느 날 그 정류장 벽에 붙어 있는 의미심장한 문구를 보게 되었습니다.

"포기는 배추 셀 때 쓰는 말!"
"자살의 반대는 살자!"

처음에는 이 문구가 가지는 의미상 아이디어에 탄복을 하며 미소를 지었으나 곧 저는 제 아픈 마음을 쓸어내렸습니다.

사람은 누구나 포기하고 싶은 때가 있습니다.

포기하고 싶은 내용이나 시기나 장소가 다를 수는 있겠지만, 누구나 한 번쯤은 '포기'라는 말을 가슴속 한 귀퉁이에 넣어놓고 웅크리고 있었던 경험이 있었을 것입니다.

2014년 우리나라의 평균 자살률은 OECD국가들의 평균보다 2배가 높습니다. 그리고 20대와 30대는 사망의 원인에서 자살이 차지하는 위치가 5위 이상인 것을 찾아볼 수 있습니다.

얼마나 힘이 들면 그 귀한 생명을 내려 놓았을까요!

요즘 어떤 이들은 현 시대를 살아가는 세대를 빗대어 'n포 세대'라고 합니다. 이 세대가 포기하는 것이 1가지도, 3가지도, 7가지도 아닌.... 무한대의 숫자 n이라는 것입니다.

참 슬픈 현실입니다.

그리고 태어날 때부터 구분이 되어 있는 '금수저를 사용하는' 신분이 있어서 아무리 노력해도 '개천에서 용 난다'는 말은 절대 있을 수 없다는 것입니다. 정말 그렇다면 한심한 세상이라고 말할 수밖에 없습니다.

그런데 정말 그럴까요?

저는 한 때 박사논문을 준비할 때 눈이 아팠던 적이 있었습니다. 논문을 쓰려면 기본적으로 깨알 같은 글씨가 적힌 자료들을 많이 보아야 하는데 자료를 볼 수 없을 정도로 눈이 아프고 보이지 않았습니다. 거의 하루에 3~4시간을 제외하고는 눈을 뜨고 있기가 어려웠습니다. 우선 박사논문은 보류할 수밖에 없었지만 그렇다고 삶을 포기하지는 않았습니다. 박사논문이 삶의 전부는 아니기 때문입니다. 제가 살아야 할 다른 방법이 없을까 생각할 정도로 눈의 상태가 심각했기 때문에 제 논문의 완성을 위하여 각고의 지도를 아끼지 않으시며 기다리셨던 지성애 지도교수님을 비롯한 여러 분들의 기대에 부응하지 못한다 할지라도 당장은 중요한 결단을 내려야만 했습니다. 아무렴 저만큼 박사논문을 포기하고 싶지 않은 간절한 마음이 있겠냐마는 시력을 잃어서 삶을 더욱 어렵게 만드는 것은 잘못된 선택이라 생각되어 저는 그 상황에서 제가 할 수 있는 저의 최선의 행동을 최선을 다해 생각해 보았습니다.

Easy way가 아니라 Best way가 무엇일까?

결정을 하는데 있어서 사람들의 시선이 중요한 것이 아니라 나를 정확하게 들여다 보는 것이 중요합니다. 그리고 최선을 다한 다음 선택해도 늦지 않습니다.

저는 우선 눈을 뜨고 있을 수 있는 3~4시간 동안 커피 내리는 방법을 배우러 학원을 다녔습니다. 무엇을 해도 제가 좋아하는 것을 해야 한다는 생각에서 말입니다. 그리고 '문학과 지성사'라는 출판사 아카데미에서 동화교실을 수강하며 동화를 썼습니다. 그래서 저는 예전 '커피 프린스 1호점'이라는 드라마의 주인공들인 공유님과 윤은혜님이 훈련받으셨던 〈커피 MBA 아카데미〉에서 7개월간 취미반 선생님도 해보았고 지금은 제 웹문서이자 블로그인 '물이 끊이지 아니하는 샘'에 올려져 있는 7개의 인성동화는 많은 사람들의 관심을 받고 있습니다.

제 삶의 과도기시절을 구구절절 나열할 수는 없지만 중요한 것은 이 과도기시절에 제 시간을 채워주었던 경험들이 헛되지 않고 현재 제 행복한 삶의 요소와 근거가 되고 있다는 것입니다.

그리스 신화에는 '기회의 신'이 있습니다. 그 신은 머리 앞통수에만 머리카락이 있답니다. 뒤통수에는 머리카락이 없답니다. 그래서 기회의 신이 내 앞에 왔을 때 그 앞 머리채를 잡아채야지 그 신이 뒤로 가버리면 잡을 머리가 없기 때문에 그 신을 잡을 수 없답니다. 기회가 없어지는 것이지요.

보통 사람들은 '기회가 오면 준비를 해야지'합니다. 그러나 정작 기회가 왔을 때 그것이 기회인 줄 알고 기회를 잡을 수 있는 사람은 평상시에 계속 기회를 기다리며 준비를 해 왔던 사람입니다. 그 기회라는 것이 어떤 모양으로 어떤 시기에 나타날지도 예측하기 어려우나 준비해 왔던 사람은 그 기회를 잡을 수 있습니다.

우리나라 사람들의 학구열은 대단합니다.

그래서 이제는 유치원에서부터 대학을 그리고 직장을 준비하는 학부모들도 있다고 합니다. A유치원을 졸업하고, A초등학교를 졸업하고, A중등학교를 졸업하고, A고등학교를 졸업하여 A대학 졸업장으로 A기업에 입사하는 것을 최고의 목표로 삼는 사람들이 있습니다. 하지만 이 A코스의 삶이 진정 우리의 행복을 보장하는 이상적인 삶일까요?

인생은 정해진 답이 있지도 않고 등급이 매겨져 있지도 않습니다.

A코스만이 정답의 인생이 아닙니다.

가을의 멋진 정취를 이루어내는 가을 단풍의 색 중에서 어느 색깔이 어느 색깔보다 못하다고 더 낫다고 할 수 있을까요? 모든 색 중에서 예쁘지 않은 색이 없듯이, 아름답지 않은 인생은 없습니다. 다만, 나 자신이 나의 인생을 자랑스럽게 여기지 않는다면 그 어느 누구도 내 인생을 귀하게 여기지 않을 것입니다.

제주도에는 멋스러운 올레길이 있습니다. 그 여러 코스의 올레길 중에서 아름답지 않은 길이 없듯이, 어떤 인생의 길도 가치가 있음을 잊지 마십시오.

지금 가는 길에 큰 돌부리가 있습니까? 그럼 그것이 만들어 주는 쉼의 의자에 잠시 앉아 호흡을 가다듬어 봅시다. 혹시 혼자 올라오기 힘든 깊은 웅덩이에 빠져 있습니까? 그럼 섬세하고 견고한 성실의 흙더미로 웅덩이를 채워서 당신의 앞으로의 삶에서 탄탄대로의 멋진 출발점이 되도록 하십시오. 당신이 돌부리와 웅덩이를 바라보는 시각에 따라 그 시간이 결코 헛되지 않을 것입니다.

편게임을 하고나면 교사는 유아들의 게임 활동에 대한 평가를 하게 됩니다. 이긴 팀과 진 팀의 점수를 알아봅니다. 서로 격려하며 박수도 쳐 줍니다. 이 때 교사의 중요한 평가의 말이 아이의 인생을 좌우할 수 있습니다.

"순돌이는 늦게 들어왔지만 끝까지 포기하지 않고 열심히 해서 들어와 주었네요. 우리 순돌이에게 박수 쳐 줄까요!"

“절대 포기하지
마십시오.”

4
장

당신을 기억합니다

"승희야~ !"

유아교육학과에 입학하고 저에게 충격과 감동을 주었던 두 번째의 일은 수업시간에 저의 이름을 다정하게 불러주셨던 어느 교수님이셨습니다. 대학 강의실에서 교수님이 학생에게 성씨를 빼고 이름만 그것도 다정한 목소리로 불러 준다는 것은 그 이전 생물학과에서 대학 생활을 경험해 보았던 저에게는 상상도 할 수 없었던 사건이었습니다. 더군다나 그 교수님은 저 외에도 모든 학생들의 이름을 퇴직하실 때까지 외우고 계셨고 언제나 그렇게 불러 주셨습니다.

그것은 저에게 큰 도전이었습니다.

학생과 하루 종일 생활을 함께 하는 고등학교도 아니고 대학에서 교수님이 이름을 외우고 불러 준다는 것은 교수자의 특별한 관심이나 학습자의 특별한 행동으로 가능할 수 있습니다. 그러나 그 교수님은 학습자인 학생들의 특별한 행동과 관계없이 학생들 각각에게 특별한 관심을 표현해 주셨습니다. 개별화의 원리에 입각한 유아교육을 이론이 아니라 몸소 대학 강단에서 실천해 주고 계셨고 그에 학생들은 각각 영향을 받았습니다.

개별화의 원리.

그것은 유아교육에서 매우 중요한 원리입니다.

유아교육기관에서의 교육은 집단교육의 첫 시발이기는 하지만, 아직 유아들은 발달의 개인차가 크기 때문에 유아 개개인의 발달 수준에 따라, 기질에 따라 교육을 접근해야 한다는 것입니다. 그런데 그것은 유아에 대한 개인적이고 구체적인 관심에서 출발합니다. 그리고 그 관심을 표현하는 가장 기본적인 첫 걸음은 이름을 불러 주는 것입니다. 내게 의미 있는 사람이 내 이름을 기억해 주고 불러주는 것만큼 기분 좋은 일은 없을 것입니다.

자아존중감이 높아지는 순간입니다.

이렇게 그 교수님으로부터 제 이름이 불려 졌던 경험은 제가 만약 강단에 서게 되었을 경우 '나도 해야겠다!'라는 각오를 하게 되는 계기가 되었습니다. 그리고 솔직히 이 책을 집필하게 된 가장 큰 이유는 특히 백석문화대학교에 재직하게 되면서 선임 교수님이신 정수경 교수님께서 해주신 학생들의 자아존중감에 대한 권고 말씀에 따라 수업을 준비하면서 제가 담당했던 학생들의 이름을 모두 외우고 불러주며 그들과 교감했던 경험담을 바탕으로 하고 있습니다.

매 학기 150명의 학생들의 이름을 개인적 상담을 하지 않고 매주 세 시간의 수업으로 외우기란 그리 쉬운 일이 아닙니다. 참 재미나면서도 부끄러운 사실은 그리 적지 않은 제 나이가 되니 대학생들의 모습이 아주 독특하지 않는 한 모두 다 비슷비슷해 보인다는 것입니다. 그래서 갖은 노력을 다 합니다. 그 대부분의 방법은 질문을 해 보는 것이지만 결론적으로 제가 확신하는 것은 이름을 불러 주었을 때 정말 사랑하고 알고 싶은 마음으로 이름을 불러 주었을 때 그들의 발전을 위한 진정한 저의 마음이 전달될 수 있다는 것입니다. 노력하지 않고 되는 일은 하나도 없습니다. 마음을 얻는 일도 마찬가지입니다. 학생들이 교수의 마음을 얻으려고 노력해야지 무슨 교수가 학생의 마음을 얻고자 노력하느냐고 말씀하시는 분이 있다면 제가 일부러 응수하여 답변하지는 않겠습니다. 하지만 분명한 것은 교수는 교사의 또 다른 이름이고 교사의 임무는 사람을 바르게 세우는 일입니다. 학습자의 마음을 얻지 못하고 코에 코뚜레를 끼워 엉덩이에 채찍질을 하며 앞으로 가자고 할 수 없습니다. 학습자와 진정한 소통을 위한 노력이 있지 않는 한 그들의 마음을 얻을 수 없고 그들 스스로 자신의 삶에 대한 책임감 있는 실천을 할 수 있도록 도울 수 없습니다.

확신합니다.

이름을 신뢰롭게 불러 주는 것은 그 사람을 마음속에 기억하고 있다는 중요한 표현이며 그것으로 한 송이의 꽃이 따뜻한 햇빛을 받듯이, 시원한 물을 얻듯이 그리고 깨끗한 공기를 마시듯이 성장을 위하여 자신의 역량을 발휘할 수 있는 밑거름을 얻을 수 있습니다.

왜냐하면 이름을 불러 준다는 것은, 이름이라는 방편을 통해 누군가를 기억한다는 것은 그에 대하여 '사랑한다'는 또 다른 표현일 수 있습니다. 우리는 내게 중요한 사람이 있으면 마음속에 그 사람의 이름을 포함하여 기억합니다. 그 사람이 어떤 음식을 좋아하는지, 어떤 색깔을 좋아하는지, 어떤 음악을 좋아하는지, 어떤 행동을 싫어하는지 기억하고자 합니다. 그래서 그 사람에게 특별한 날이 있어 어떤 선물을 하고자 하면 그 사람에 대한 그 모든 기억속의 조건들을 조합하여 가장 적절한 선물을 마련하고자 노력합니다. 선물을 고르는 내내 우리는 그 사람에 대한 기억을 생각합니다. 그래서 선물 고르는 것이 쉽지 않은 노력이고 그 선물을 받은 사람은 참 행복하지요.

성경에서 하나님은 많은 기적을 베푸시는 것을 볼 수 있습니다. 이스라엘 백성들이 딱히 순종을 잘하는 것 같지는 않은데도 하나님은 하나님의 긍휼하심으로 이스라엘 백성을 위하여 홍해를 가르시고 광야에서도 만나를 먹이십니다. 하지만 하나님은 이스라엘 백성에게 꼭 하기를 원하셨던 일이 있었습니다. 단을 쌓는 것이었습니다. 단을 쌓는 것은 두 가지 의미가 있습니다. 하나는 하나님께서 이스라엘 백성들에게 베푸신 은혜에 감사하라는 표시이고, 다른 하나는 그 엄청난 하나님의 은혜를 늘 경험하면서도 잊어버리기 일쑤인 이스라엘 백성들에게 그 단을 보며 하나님께서 베푸신 은혜를 기억하라는 것입니다. 하나님은 늘 사랑하는 이스라엘 백성들과의 관계를 확인하기에 민감하셨고 당신의 베푸신 사랑의 기적을 기억해 줌으로 이스라엘 백성들이 당신을 향한 사랑을 표현해 주기를 원하셨습니다.

기억한다는 것은 사랑한다는 것의 또 다른 말입니다.

예전 '내 머릿속의 지우개'라는 영화가 있었습니다. 알츠하이머병을 앓는 여주인공이 점점 주변의 사랑하는 사람들에 대한 기억을 잃어버리는 아주 가슴 아픈 영화입니다. 누군가에 대해 기억을 하는 것은 사랑 정도의 여부에 따라 매우 쉬운 작업일 수 있으나 그 반대로 누군가에 대해 기억을 하지 못한다는 것은 정말 살을 저미는 아픔이 아닐 수 없습니다. 어쩌면 기억을 못한다는 것은 사랑을 할 수 없다는 말과도 상통할 수 있을 것입니다.

매 학기 첫 시간마다 불가능할 것 같은 학생들의 이름 외우기는 학기를 마무리하는 즈음에 저 자신의 자아존중감을 높여주는 활동이 됩니다. 학생들과 이름을 친밀하게 부르며 눈맞춤을 하고 대화를 나누는 중에 학생들은 어느새 자신에 대해 존귀히 여기는 마음이 자라나 있다는 것을 알게 됩니다. 그리고 표면적으로는 성적으로 자신을 소홀히 여기지 않는다는 것을 표현해 줍니다.

사랑이 사람뿐만 아니라 모든 생물체를 변화시키는 놀라운 힘이 있다는 것은 누구나 알고 있습니다.

기억으로 사랑하는 것, 역시 사람을 세워주는 특별한 방법입니다.

당신을

기억합니다.

5장

당신을 믿습니다

남자 유아들이 가상놀이를 할 수 있는 연령이 되면 보통 찾는 물건이 있습니다.

빨간 보자기입니다.

우리 아이들에게 영원한 영웅인 슈퍼맨에 대한 열정은 아무리 세대를 거쳐도 그칠 줄 모르는 듯합니다. 그래서 '슈퍼맨' 영화 원작에서의 주연배우가 바뀌어 가면서까지 슈퍼맨 영화는 업데이트되고 그 외에도 배트맨, 스파이더맨 등 다른 영웅들이 등장하는 히어로(hero) 영화들이 연이어 우리 아이들 곁에 찾아오고 있습니다. 왜 아이들은 이런 히어로 영화들 속의 영웅들을 좋아할까요?

제가 기억하기로 스파이더맨 시리즈 중 한 편에서 이런 대사가 있었습니다.

"아이들에게는 영웅이 필요해요!"

아이들에게는 무적 영웅이라는 역할 모델을 통해서 세상에서 일어나는 모든 각종 문제들을 해결하는데 필요한 절대적 가치의 중요성을 배웁니다. 그 영웅들을 좋아하면서 그 영웅들이 가지고 있는 판단기준들을 따라하게 되는 것이지요. 힘이 센 영웅들이 보여주는 정직하고 공정하고 친절하고 책임감 있고 정의로운 모습들을 자연스럽게 동경하게 됩니다. 해야 되는 것이 아니라 하고 싶은 것이지요.

또 다른 슈퍼맨 시리즈의 한 편에서는 두 명의 다른 인성을 가진 슈퍼맨의 싸움을 다룬 것을 볼 수 있습니다. 물론 영화 속의 두 명의 슈퍼맨은 원래의 슈퍼맨 속에서 공존하는 갈등하는 두 마음을 시각화한 것입니다. 슈퍼맨의 나쁜 마음은 사람들에게 나쁜 행동을 해서 슈퍼맨에 대한 믿음을 깨뜨리고 있었습니다. 그런데 그 슈퍼맨이 가진 두 마음의 갈등에서 좋은 마음이 나쁜 마음을 이길 수 있었던 힘을 묘사하는 장면에 우리는 주목할 필요가 있습니다. 나쁜 마음과 힘겹게 싸우는 좋은 마음의 슈퍼맨에게 들린 아이들의 목소리였습니다.

"슈퍼맨은 나쁜 사람이 아니어요. 슈퍼맨! 난 슈퍼맨을 믿어요."

슈퍼맨을 향한 아이들의 믿음은 슈퍼맨의 좋은 마음에 힘을 더하게 됩니다.

믿어주는 것, 그것은 힘이 됩니다.

아이들의 믿음에 힘을 얻은 슈퍼맨은 다시 원래의 모습을 회복하여 다시 영원한 영웅으로서의 자리로 돌아옵니다.

책임을 맡는다는 것은 때로는 짐(burden)이 되기도 하지만 또 한편으로는 힘(energy)이 되기도 합니다. 그래서 어떤 때는 본래 가지고 있었던 능력 이상의 힘을 발휘하기도 합니다. 누군가 나를 믿어 준다는 것은, 내가 아무리 처참한 모습을 보일지라도 지구상에서 단 한 사람이라도 나를 믿어주는 사람이 있다면 그 사람은 절대로 실패하지 않을 것입니다. 그 믿어주는 사람이 누구여야 할까요?

저는 교사여야 한다고 생각합니다.

한 실험에서 교사가 기대감을 표현한 집단(A)과 교사가 기대감을 가지지 않은 집단(B)에 대한 학업성취도를 평가한 결과, 기대감을 표현한 A집단이 본래 낮은 학업성취도를 가진 학습자들로 구성되었음에도 불구하고 본래 높은 학업성취도를 가진 학습자들로 구성된 B집단보다 높은 성적을 나타내었음을 볼 수 있었습니다.

저는 이번 학기에 특별한 반을 맡게 되었습니다. 담당하기 전부터 다른 교수님들의 우려와 염려가 제 귀에 들려왔습니다. 어떤 교수님은 그 반 학생들이 무섭다고 까지 표현하기도 했습니다. 첫 시간 인사를 하러 들어가는 제 마음은 비장했겠지요. 하지만 첫 시간을 지낸 저는 그 반 학생들이 다른 반과 별 반 다르지 않을 것이라 생각했습니다. 그리고 기대했습니다. 그리고 표현했습니다.

"난 너희들이 참 좋다. 너희들 안에서 귀한 열정을 보았구나. 그 열정으로 좋은 유아교사로 잘 준비되기를 바란다."

그 반 학생들은 1차 직무능력평가(중간고사)며 모의수업 등을 열심히 최선을 다해 준비했습니다. 모의수업 시 토의시간을 많이 갖는 저의 수업시간에도 적극적으로 자신의 의견을 발표해 주며 참여해 주었습니다. 그들을 향한 제 진정한 믿음을 수용해 준 학생들이 고맙고 대견하고 예쁩니다.

제게 참 많은 영향을 주신 모 교수님께서 교육개혁위원회 위원으로 일하실 때, 전 학과의 행정을 총괄하는 학과조교를 하고 있었습니다. 그때 그 교수님께서 정말 막대한 분량의 업무를 감당하고 계신데도 무슨 연고이신지 교수님 연구실 조교를 선임하지 않으셨습니다. 그리고는 제게 당신의 연구실도 돌보아 주시기를 말씀하셨습니다.

"승희야, 난 네가 해주는 게 참 좋다. 내 방의 컴퓨터는 너 만 만지거라."

교수님의 이 말씀이 단지 저의 수고가 필요하기 때문에 하신 것일 수도 있지만, 중요한 것은 제가 참 어깨가 들썩했다는 것입니다. 제게 의미 있는 분이 저를 믿어 주고 책임을 맡겨 주신 것이 얼마나 신이 났는지요. 학과 조교로서 저에게도 많은 일이 있었지만 그건 별로 문제시 되지 않았습니다. 믿음의 말 한마디로 슈퍼우먼이 되는 순간입니다.

그 교수님은 저의 모교 중앙대학교에서 부모교육 강의로 유명하십니다. 그래서 타 학과 학생들도 수강하여 듣곤 했었습니다. 그 분의 저서 중 한 양육서에서 저는 또 믿음의 중요성을 발견합니다. 그 교수님은 세 명의 따님을 자녀로 두셨습니다. 어느 날 그 따님들 중 한 분이 교수님께 이렇게 말했답니다.

"엄마, 난 엄마 딸이어서 정말 행복해요!"

교수님은 그 말을 들었을 때 그 어떤 대통령상보다 큰 상을 얻은 기분이셨다고 하셨습니다. 딸이 인정해 주는 엄마가 된다는 것, 아들이 자랑스러워해 주는 아빠가 된다는 것, 자신이 사랑하는 이에게 믿음의 대상이 된다는 것만큼 행복한 일은 없을 것입니다. 그렇다면 학생들이 존경하고 사랑하는 믿어주는 교사가 된다는 것도 정말 행복하고 멋진 일이겠지요!

단 한 명이라도 나를 통해 힘을 얻었다고 배움을 얻었다고 변화가 되었다는 고백을 듣게 되었을 때의 기쁨과 보람은 정말 교사로서 갖는 저의 자부심을 한껏 높여 줄 뿐만 아니라 더 잘해야겠다는 겸손의 허리띠를 매게 합니다.

교사가 교사다울 수 있는 것은 교사 혼자의 노력이 아닐 것입니다.

학생들과의 믿음의 교감이 이루어질 때 우리는 서로를 세워주는 이상적인 교육의 장(場)을 만들어갈 것입니다.

당신을

믿습니다.

6장

내 마음을 알아주어 고맙습니다

올해 2016년 지구촌 사람들의 마음을 하나로 모으고 집중시켰던 가장 큰 사건 중의 하나는 이세돌 9단과 인공지능(AI) 알파고(AlphaGo)의 격돌이었습니다. 이 사건은 우리에게 그동안 일부 전문 집단의 사람들에게만 노출되어 왔던 몇 가지 용어들에 익숙하게 되는 계기를 마련해 주었습니다.

그 하나는 제4차 산업혁명과 인공지능입니다.

제4차 산업혁명(Fourth Industrial Revolution) 은 디지털 세계, 생물학적 영역, 물리적 영역 간 경계가 허물어지는 '기술융합' 시스템

인 사이버물리시스템(Cyber-physical system, CPS)에 의해 로봇, 의료기기, 산업장비 등 현실 속 제품을 뜻하는 물리적인 세계(Physical system)와 인터넷 가상공간을 의미하는 사이버 세계(Cyber system)가 하나의 연결망으로 모아진 데이터 분석과 활용, 사물의 자동제어를 가능케 하는 산업혁명입니다. 1784년 증기기관의 발명과 기계화에 의한 영국의 제1차 산업혁명, 1870년 전기 에너지원의 등장과 대량생산에 의한 미국의 제2차 산업혁명, 1969년 반도체 이용과 자동화 시대를 연 제3차 산업혁명에 이어 인공지능(AI)의 발전으로 인하여 도래한 제4차 산업혁명은 우리에게 미래사회에 대한 결코 핑크빛 기대만을 갖게 하지는 않습니다.

알파고와의 바둑격돌에서 패배한 이세돌 9단을 지켜본 세계의 모든 사람들은 여러 가지 생각을 앞 다투어 하게 되었습니다. 그 중 가장 큰 이슈는 미래사회에서의 직업입니다. 한 신문기사는 전 세계 만 5세 아이들의 65%가 지금 없는 직업을 가질 것이라 예측하고 있습니다. 컴퓨터로 대체될 고위험 직업으로 세무사, 관세사, 경기심판, 치과 기공사, 신용추심원, 회계사, 택배원을 들고 있고, 컴퓨터에 대체될 저위험 직업으로 의사, 초등학교 교사, 성직자, 간호사 정보시스템 설계 및 분석가, 사회복지사 데이터베이스 개발자를 들고 있습니다.

이 직업생존 여부에 대한 기준은 어디에 있을까요?

좀 생뚱맞은 이야기일지 모르지만 우리가 어렸을 적 우리를 동심의 세계로 안내했던 동화 「오즈의 마법사」를 기억해 봅니다. 거기에 나오는 등장인물 중 깡통로봇 나무꾼이 있습니다. 그 동화에 나오는 등장인물들이 갖고 싶었던 많은 소원들 중 특히 이 깡통로봇 나무꾼의 소원은 뜨거운 열정이었습니다. 컴퓨터나 로봇은 열정으로 일하지 않습니다. 통계로 일합니다. 이세돌 9단과 바둑싸움에서 승리한 알파고도 가장 승리 확률이 높은 가치를 좇아가는 가치망(value network)이라는 운영체계를 통한 통계분석을 하였습니다. 그럼 다시 동화로 돌아가서 그 깡통로봇 나무꾼은 왜 뜨거운 열정을 갖고 싶어 했을까요?

제가 참 존경하는 동화작가 박정완 선생님은 언젠가 제게 이런 말씀을 하신 적이 있습니다.

"사람은 통계로 사는 것이 아니라 신념과 열정으로 사는 거랍니다!"

저 사람이 저렇게 하니까, 다 그렇게 사니까, 나도 그렇게 산다면 우리는 생명은 있지만 기계와 다름이 없지 않을까 하고 조심스럽게 말씀드려 봅니다.

특별히 사람을 세우는 교사는 열정이라는 자질이 매우 필요한 직업입니다. 그렇다면 교사가 가지는 열정은 어떻게 생겨나는 것일까요? 저의 이 질문에 우문(愚問)이라고 실소(失笑)하고 계신 분도 있을 것입니다. 왜냐하면 너무도 당연한 정답을 갖고 있는 질문이기 때문입니다. 맞습니다. 사랑입니다. 학습자에 대한, 학습자가 잘 세워지기를 바라는 마음이지요. 그런데 문제는 아무리 이런 학습자에 대한 사랑의 열정을 갖고 있다고 할지라도 학습자에게 표현되지 않으면 학습자는 교사의 사랑의 열정을 느끼지 못합니다. 그것은 곧 교사의 교육의 효과가 나타나지 않는다는 말과도 같을 수 있습니다.

그러면 어떻게 교사의 학습자에 대한 사랑의 열정이 표현될 수 있을까요?

수업을 잘 준비하여 수행하는 것, 그것은 기본일 것입니다. 그런데 그것은 인공지능도 할 수 있습니다. 그런데 미래사회에서 인공지능이 할 수 없는 직업을 교사라고 지적하는 이유는 무엇일까요? 그렇다면 분명 사람을 세우는 진정한 교사는 수업내용만을 잘 준비하여 잘 교수(teaching)하는 것 이상의 무엇이 있다는 말입니다. 무엇일까요?

공감입니다.

함께 느껴 주는 것. 학습자의 입장을 고려해 주는 것. 학습자의 상황과 수준에 따라 교육의 방법과 접근을 달리하는 것, 무엇보다 선행되어야 할 것이 교육을 하는 교사라는 직업으로 학습자들을 만났지만 그들에 대한 정서적 지지만큼 중요한 것이 없다는 것을 교사인 우리는 잊어서는 안 됩니다.

즉, 제4차 산업혁명으로부터 인간의 존엄이 지켜질 수 있는 인간의 능력은 공감입니다. 이 공감은 여러 방식으로 표현될 수 있지만 가장 쉽고 기본적인 방식은 '말'이겠지요. 하지만 그 말에 진정한 마음을 담지 않고는 그 말은 힘을 갖지 못할 것입니다. 진정한 마음을 담은 공감의 말은 마음을 표현하는 의사소통의 가장 효과적인 수단일 뿐 만 아니라 서로의 마음을 자라나게 하는 햇빛과 같은 말입니다.

저는 예전 박사과정 시험을 준비하면서 저의 학교 부속유치원에서 부담임 교사로 근무하였었습니다. 그때 저는 만 2세 유아들을 돌보았는데, 어느 날 한 남자 아이가 아파서 오랫동안 결석을 하다가 유치원에 왔습니다. 간식시간에 그 남자 아이와 한 책상에서 간식을 먹었던 한 여자 아이의 말을 저는 평생 잊을 수 없습니다. 그 여자 아이는 이렇게 말을 했습니다.

"내가 너를 얼마나 보고 싶어 했는 줄 아니!"

만 2세 유아가 자신의 마음을 전하는 이 예쁜 말에 저는 감동하지 않을 수 없었습니다. 이 말을 하고자 열심히 단어를 골랐을 이 여자 아이도, 이 가슴 뭉클한 말을 들은 남자 아이도 얼마나 마음이 자랐을까는 상상할 수가 없습니다.

내가 누군가의 마음을 안다고, 이해한다고 말하는 것은 상당한 용기가 필요한 일입니다. 거짓으로 할 수도 없는 말이며 누군가의 특별한 경험에 대하여 내가 동일한 경험을 하여 동일한 느낌과 생각을 갖고 있다고 말하는 것은 그 사람의 경험에 자칫 내가 감정이나 생각의 월권을 가질 수 있습니다. 왜냐하면 세상의 어느 누구도 동일하지 않고 동일하지 않은 인생을 살기 때문에 완전한 이해를 하기는 어렵기 때문입니다. 그래서 우리는 '이해한다'는 말보다 '힘들겠구나' 또는 '기쁘지! 나도 기뻐!'라는 공감의 말을 적절히 사용하는 것이 필요합니다.

하지만 누군가가 내 마음을 이해한다고 말해 준다면 고마운 거지요. 왜냐하면 누군가 내 마음과 상황을 이해해 주기를 정말 바라지만 힘든 이해를 요구할 수는 없는 일입니다. 내가 요구할 수 없는 것을 힘든 것임에도 해 주었을 때 우리는 정말 고마운 마음을 표현해야 합니다. 그러면 내 마음을 알아주어 정말 고마운 말을 해준 사람도 더불어 더욱 세워집니다.

내 마음을 알아주어
고맙습니다.

17장

자만하지 마십시오

저는 참 자만하기를 잘합니다.

이런 말을 스스럼없이 한다는 것이 부끄럽지만, 아침에 눈을 뜨면 뱃속의 배꼽시계가 소리를 내 듯이 어제 잠자리를 들며 제 자신의 부족함을 절절히 느꼈으면서도, 아침 해가 뜨듯이 자만의 싹이 자연스럽게 쏙 올라와 있습니다.

이것은 내가 혼자 걸을 수 있고 내가 혼자 생각할 수 있고 내가 혼자 무언가를 잘 해 낼 수 있다는 유아기 시절부터 성취해야 할 자신감과는 다른 것입니다. 그리고 내가 세상의 유일하고 특별한 unique한 존재라는 자아존중감과도 다른 것입니다. 그것은 best way보다는 easy way를 선택케 하는 불성실을 동반하는 악

(惡)한 마음입니다.

제가 굳이 '악(惡)'이라고까지 말하는 것은 그만큼 가르치는 자가 피해야 할 가까이 해서는 안 될 것이기 때문입니다. 가르치는 자의 가장 큰 악이 자만입니다.

저는 대학에서 유아교육 수업가운데 학생들이 임할 유아교육 현장에서 교사로서의 모의수업을 보고 평가하곤 합니다. 그러면 평상시의 그들의 성격과 기질, 태도와 함께 교사로서 그들이 갖추어야 할 것이 무엇이어야겠다는 피드백을 종종 해주게 됩니다. 최근 저는 반은 다르나 모의수업을 한 두 학생에게 이런 피드백을 해주었습니다.

"자만하지 마십시오!"

평상시에 학생들에게 엄한 말을 그다지 하지 않는 편인 저라 그 말을 들은 학생들은 눈을 동그랗게 뜨고 저를 바라보았습니다. 그 말을 들을 한 학생은 창의적인 사고력이 뛰어난 사람이었고, 다른 학생은 유아교사로서의 유연한 교수능력을 갖고 있는 사람이었습니다. 하지만 그것이 그들에게 악이 되었습니다. 보다 좋은, 완성된 수업을 할 수 있었는데 자신의 능력에 대한 자만함이 보다 성실한 준비를 할 수 있는 기회를 스스로 박탈할 수 있습니다. 그들의 자만함이 그들의 장점을 가리는 것이지요. 저 역시도 매일 느끼는 자만의 싹이기에 저는 주저함 없이 그들에게 말할 수 있었습니다. 저도 한 때 그러한 자만함으로 저의 장점을 가리우는 우(愚)를 범했던 기억을 가슴 아프게 갖고 있기 때문입니다. 그들은 그러지 않기를 바라는 마음으로 용기를 내어 그들의 마음을 두드렸습니다. 사랑하고 아끼기 때문에 해 줄 수 있는 말임을 확신하기 때문입니다.

창의적인 사고력으로 수업 아이디어를 내었다고 그 수업의 진가를 발휘되는 것이 아닙니다. 그것이 잘 다듬어진 수업의 형태로 준비되어질 때 유아들을 향한 진정한 교사로서 역할을 다하는 것입니다. 특히 융통성이 있고 유창한 말솜씨가 있는 유아교사가 더욱 유념해야 할 것은 교육계획안을 작성했으나 자칫 교육계획안과 실제 수업을 다르게 운영할 수 있다는 것입니다. 특히 초임교사 일 때는 아무리 능숙한 말솜씨를 갖고 있고 유연한 대처능력이 있다 할지라도 교육계획안을 숙지하고 수업을 운영하는 노력을 게을리 하지 말아야 합니다. 그것이 진정한 실력 있는 교사로 자리매김하는 에너지원이 될 것입니다.

무언가 다채롭고 신선한 아이디어가 많은 사람인데 어떤 뚜렷한 실력을 자부하지 못하는 사람은 자신에 대해 먼저 잘 들여다

보는 작업을 해야 합니다. 분명 많은 능력의 씨앗을 갖고 있는 사람임에도 한 씨앗이라도 그것에 물을 주고 햇빛을 비추고 잎을 사랑스럽게 닦아주는 농부와 같은 성실한 마음이 뒷받침되지 않는 한 그 어느 씨앗도 아름다움을 발하는 꽃으로 피어나지 못할 것입니다.

그런데 문제가 되는 것은 자신을 잘 표현할 수 있는 진정한 씨앗을 골라내는 일이겠지요.

사람은 사회적 동물이고 한계가 있는 존재이므로 의미 있는 다른 사람이나 주변 환경으로부터 많은 영향을 받습니다. 하지만 그렇다고 결정적으로 그것 때문에 행동을 위한 최종 판단을 하거나 최종 결단을 내리지는 않습니다. 자기 확신이 있어야 합니다. 내 능력에 대한, 나의 역할에 대한, 내가 가져야 할 책임감에 대한, 내가 존중받아야 할 권리에 대한 확신이 필요합니다. 이것과 자만이 무슨 관계가 있을까요?

사람은 특별히 창조주로부터 영적인 능력을 부여받지 않는 한, 미래에 대한 예지력을 갖거나 혜안을 갖는다는 것은 그와 관련된 지식을 쌓거나 살아온 삶에 대한 결과치를 분석하여 얻는 지혜의 안목입니다. 하지만 자만한 사람은 절대로 이런 것을 가질 수 없습니다. 불성실한 사람은 절대로 자신이 어떤 능력이 있는지, 자신의 역할이 무엇인지, 자신의 책임감은 어떻게 구현되어야 하는지, 자신은 왜 존중받아야 하는지에 대한 확신을 가질 수 없습니다. 불성실함 때문에 확신할 수 있는 삶의 자기 증거가 없기 때문입니다. 경험은 영유아기뿐만 아니라 전 생애를 통해 중요합니다. 자신의 땀과 노력이 깃들인 성실한 경험이 자기 확신에 대한 중요한 근거입니다. 한국인은 많이 바쁩니다.

하지만 바쁜 것은 성실한 것과 다릅니다.

흔히들 말하는 '선택과 집중'은 우리가 자만한 삶을 살지 않는 최선의 방법일 수 있습니다. 그런데 여기서 무엇을 선택해야 할지 모르는 선택장애가 또 문제시 됩니다. 우리는 B(Birth)와 D(Death) 사이에 C(Choice)가 있다고들 합니다. 즉, 삶은 사람이 '앙앙'하며 울음을 터뜨리고 생명을 얻는 순간부터 주검이 되는 순간까지 선택의 책임이 부여되는 상황의 연속이라는 것입니다. 우리는 좋은 선택을 하고 싶습니다. 손해보고 싶지 않기 때문이지요. 책임지고 싶지 않은 결과를 손바닥위에 올려놓고 보고 싶지 않습니다. 하지만 아무 경험도 지식도 없는 상황에서 좋은 선택을 하기란 정말 불가능한 일입니다. 그럼 어떻게 해야 할

까요?

여러 가지 이유로 실질적인 결혼식을 올리지 않는 요즘 청년들은 예전과 다르게 혼전 동거를 많이 합니다. 예전 모 교수님께서 강단에서 이런 말씀을 하셨던 적이 있었습니다.

"여러분께서 책임을 질 수 있다면 혼전 동거를 선택하십시오."

최근 책임을 지고 이성과 함께 하는 것이 수반되지 않음으로써 발생되는 가슴 아픈 사건들이 있습니다. 그 대표적인 것이 부모들의 아동학대지요. 어떻게 자신의 생명을 통해 얻은 생명을 함부로 할 수 있을까요! 정말 모두 혀를 내두르고 이해할 수 없는 상황인 것입니다.

책임지는 것을 전제로 한 선택은 어려운 것입니다. 그래서 그것 역시 영유아기 시절부터 자연스럽게 습득되어져야 하는 인성 역량입니다. 선택 역량은 선천적인 것이 아닙니다. 그것은 경험과 연습을 통해 가능한 후천적 역량입니다. 그런데 요즘 영유아들은 선택을 경험하거나 연습할 수 없습니다. 기회가 주어지지 않습니다. 자신이 선택해 보기 전에 이미 완벽한 엄마가 엄마의 완벽한 계획가운데 유아들의 경험을 결정해 주기 때문입니다. 물론 영유아들은 '이것은 내 책임이야'하면서 선택을 하지는 않습니다. 하지만 선택을 하고 자신에게 주어진 결과에 대해 책임의 중요성을 배웁니다. 그래서 그 다음 번에 '더 잘 선택해야지!'하고 생각하게 됩니다. 하지만 엄마가 만들어 준 선택의 책임은 영유아가 지지 않습니다. 엄마의 몫이지요. 정말 훌륭한 엄마이지요! 이런 훌륭한 엄마 또는 아빠 덕분에 배우자도, 자신에게 어울리는 옷 하나도 스스로 선택하지 못하는 키만 다 자란 청년들이 있다고 합니다. 자신의 선택결과에 대한 두려움을 감당하기 싫은 겁니다.

좀 억지스럽다고 생각할지 모르나 자만하면 좋은 선택을 하기 어렵습니다. 내가 감당해야 할 경험에 대해 성실한 선택을 하지 못합니다. 자만하면 주어진 상황에서 최선의 노력을 선택하기보다 최고의 요령을 선택할 수 있습니다.

교사는 학습자에게 최선의 선택을 할 수 있는 환경을 마련해 주어야 합니다. 책속에 있는 지식을 얼마나 잘 이해할 수 있도록 교수능력을 발휘하는 것도 교사의 중요한 역할이기는 하나, 그 지식을 학습자가 실생활에서 적용할 수 있는 실천력은 교사가 보여주는 책임감 있는 선택을 하는 모습에서 비롯합니다. 하지만 교사가 자만하면 자신의 수업에 대한 책임감 있는 준비를 할 수 없습니다. 학습자와 책임감 있는 관계를 맺을 수 없습니다.

성실하지 않은 자만함은 수박 겉핥기와 같은 삶을 수반할 수 있습니다. 교사가 그렇다면 그에게 배울 학습자는 더 바랄 것이 없겠지요.

저는 매일 선택합니다.

매일 아침, 매 순간 고개를 드는 제 마음속의 자만의 싹을 호미로 자릅니다.

아니 자르고자 노력합니다.

어쩌면 이 말은 제 자신에게 먼저 하고 싶은 말일 것입니다.

자만하지
마십시오.

8 장

최선을 다 합시다!

진인사대천명 盡人事待天命

'사람으로서 할 수 있는 일을 다 하고 하늘의 뜻을 기다린다.'

이 말은 제가 고등학교 3학년 때 담임선생님이셨던 김명해 선생님께서 저희 반 학생들에게 해주신 말씀입니다. 그때는 이 말이 그다지 마음에 와 닿지 않았습니다. 하지만 불혹(不惑)을 한참을 넘기고 지천명(知天命)의 나이를 바라보고 있는 제가 그동안의 길지도 짧지도 않은 인생의 시간들을 뒤돌아보니 이 말씀이 참 대단한 말씀이라는 생각에 탄복을 하게 됩니다.

고등학교 때 각 반에는 급훈이라고 하여 그 반 학급의 정신을 명료하게 나타내는 단어나 말들이 액자틀을 해서 반에서 가장 잘 보여지는 곳에 걸려집니다. 그때 참 재미나고 다양한 급훈이 있었던 것으로 기억됩니다. 윤리과목 담임선생님께서 이끄는 학급의 '된 사람'이라는 급훈도 인상적이었지만, 지하철 2호선에 배치되어 있는 대학에의 입학을 노리자는 의미로 만들어진 '2호선을 타자!'라는 급훈은 정말 학력고사(지금의 수능시험)의 시름을 잊을 만한 함박웃음을 짓게 하곤 했습니다. 그리고 언제나 빼 놓을 수 없는 명언, '최선을 다 하자!'라는 급훈이 걸려 있는 곳도 당연히 있었습니다. 그리 세련되거나 신선하지 않은 말입니다.

최선을 다 하자!

하지만 시대가 지나도 세대를 거듭해도 결코 사라지지 않을 말이라는 확신이 있습니다. 그 확신은 저 뿐만은 아니겠지요.

앞서 밝힌 바와 같이 저는 학부와 대학원에서 생물학과 미생물학을 전공하고 유아교육학과로 학부편입을 하여 지금에 이르렀습니다. 그 과정 중에 얼마나 많은 스승님들이 저에게 영향을 끼쳤을지 아마 상상도 못할 것입니다. 비단 강단에 서시는 분들이 아님에도 제게 참 중요한 분들이 곁에 계셨습니다. 생물학과 1학년으로 입학한 저에게 한 여 선배님께서 캠퍼스에 아무 생각 없이 앉아 있던 저의 정신을 번뜩 일깨우셨습니다. 그 여 선배님은 저에게 질문을 하셨습니다.

“승희는 가장 소중한 시간이 언제니? 가장 소중한 장소는 어디니? 가장 소중한 사람은 누구니?”

저는 그 순간 깜짝 놀랐습니다. 저는 제 자신이 참 열심히 산다고 자부하고 있었는데, 이 질문에 선뜻 대답을 할 수 없었습니다. 그 여 선배님은 이어 말씀하셨습니다.

“내가 말하는 정답이 누구에게나 다 적용되는 것은 아니겠지만. 거장 톨스토이는 이렇게 말했단다.
가장 소중히 여겨야 할 시간은 바로 지금이고,
가장 소중히 여겨야 할 장소는 바로 지금 여기이고,
가장 소중히 여겨야 할 사람은 바로 내 앞에 있는 사람이란다.”

바로 지금 현재 최선을 다하는 겁니다. 시간에서도, 장소에서도, 사람에게서도. 그러면 혹여 실수는 할 수 있을지라도 후회를 하는 실패는 하지 않습니다. 지금의 노력은 언젠가 쓰임새가 있습니다. 창조주가 사람을 창조하실 때 결코 쓸모없는 경험을 하도록 설계하시지 않았습니다. 성경에서 창조주 하나님은 사람에게 주어진 모든 경험을 합력하여 선(善)을 이루는 결과를 주신다고 말씀하십니다. 다만, 그 경험을 어떻게 바라보느냐에 따라 그 경험의 가치와 결과가 달라질 수 있습니다. 나의 의도가 선(善)하다면 실수한 것도 선(善)하게 돌아옵니다. 물론 그렇다고 실수할 수 있는 여건을 마련하라는 것은 더 더욱이 아닙니다. 최선을 다해 선한 의도로 선을 이루려는 노력은 실수까지도 활용하여 선한 결과를 만들 수 있다는 것입니다.

누구나 최고(最高)가 될 수 없지만 누구나 최선(最善)은 할 수 있습니다.

그런데 여기서 중요한 문제는 내가 나의 최선이 무엇인지 잘 모른다는 것입니다. 이에는 그 사람의 의미 있는 사람의 정서적 지지가 뒷받침된 객관적인 평가가 필요합니다. 저는 그것이 교사의 역할이라고 생각합니다. 객관적인 평가만 해주는 것은 위험합니다. 그것은 하지 않는 것만 못합니다. 사랑의 관계가 확보된 후 해주어야 합니다. 객관적인 평가를 할 수 없다면 사랑이 더 중요합니다.

하지만 사랑으로 신뢰가 전제된 교사는 여러 가지 방법으로 학습자가 자신의 최선을 알 수 있도록 도와야 합니다. 결국 스스로 자신을 성장시키기 위해 선택과 결단을 하는 것은 학습자 자신이기 때문입니다. 자신이 갖고 있는 능력을 발견하고 그 능력을 개발할 수 있는 통로로 향하고 인내하고 훈련하며 그 통로를 잘 나아와 자신의 능력에 대한 자신감을 갖고 설 수 있도록 교사는 수업을 준비하고 어깨를 두드리고 손을 잡아주며 함께 보아주는 노력을 해야 합니다.

교사는 최선을 다해야 합니다.

왜냐하면 한 사람을 세우는 일은 그리 쉬운 일이 아니라고 말하기 이전에 매우 중요한 일이기 때문입니다.

모의수업을 지도하면서 '인생에서도 모의수업이 있으면 참 좋겠구나!'하고 생각했던 적이 있었습니다. 하지만 인생에서는 모의수업이 없습니다. 지금 현재가 다음 시간의 모의수업시간일 뿐입니다. 그래서 지금이 더욱 중요합니다.

저의 좌우명(座右銘)은 '노력해서 다 되는 것은 아니지만 노력하지 않고 되는 것은 하나도 없다.'입니다. 말 그대로 노력한다고 내가 목표한대로 내가 계획한대로 다 되지 않습니다. 하지만 또한 노력하지 않고 이루어지는 일은 인생에서 아무런 덕(德)이 되지 않는 요행일 뿐만 아니라, 자신의 성실한 노력을 통한 자신감이야말로 교사로서 가져야 할 기본적인 역량이 아닐 수 없습니다.

내가 목표한 곳에 올라가기 위하여 한 계단을 오르려면 그 계단을 밟는 내 발이 갖고 있는 균형감과 지지능력을 믿을 수 있어야 합니다. 그것은 한 번에 생기는 믿음이 아닙니다. 아기가 자신이 한 번도 올라가보지 못한 한 계단을 올라갈 수 있다는, 올라가고 싶다는 도전의식을 갖게 되는 최선의 노력은 그동안 평지에서 끊임없이 해왔던 걷기 연습을 통해 자신을 향한 자신감에서 비롯됩니다. 하지만 그 한 계단을 오를 때 아기는 얼마나 온 힘을 다 할까요! 그것이 최선입니다.

시공간을 초월하여 스마트폰으로 자신의 일을 처리할 수 있는 인공지능의 시대라 할지라도 저는 이 말이 가지는 괴력에 대해 자신감 있게 말할 수 있습니다.

최선을 다
합시다!

9 장

당신에게 도전이 되었습니다

저는 현재 출퇴근 시 기차를 이용합니다.

천안역부터는 주로 택시를 이용하는데, 저에게 언제부턴가 변화가 생긴 것이 있습니다. 그것은 택시를 타면 기사님께 "안녕하세요!"하고 인사를 하는 예절입니다. 저는 전에는 이런 인사를 택시 기사님께 해 본 적이 없었습니다. 그런데 언제가 함께 동승한 대학생이 인사하는 모습이 정말 좋아보였습니다. 그래서 저는 지금 택시를 타게 되면 반드시 "안녕하세요!"하고 인사를 합니다.

영향력은 어떤 사람이 주는 것일까요?

교수인 제가 학생에게 영향을 받아 변화를 한 것이 이상한 것일까요?

대통령의 말이기 때문에, 유명가수의 옷차림이기 때문에, 유명 토크쇼 진행자의 유머이기 때문에 갖는 영향력은 그리 오래가지 않습니다. 대통령이 아니더라도, 유명가수나 배우가 아니더라도, 축구선수나 토크쇼 진행자가 아니더라도 저에게는 더 큰 영향력을 주는 평범함을 가장한 위대한 사람들이 많습니다. 정확한 복용법을 알려주고자 미소를 잃지 않고 친절한 안내를 하는 약국의 약사로부터, 최선을 다해 맛난 김밥을 준비해서 손님의 입맛을 감동시키는 김밥 집 아주머니를 통해, 컴퓨터 사용의 어려움을 극복하도록 도와주는 인터넷 상담사의 열의를 다하는 목소리로부터, 자녀가 학업에 대한 열정을 잃지 않도록 끊임없이 공부하는 본(本)을 보여주기 위해 평생교육원에 등록하셨다는 택시운전기사님의 고백을 들으며 저는 정말 이 세상을 지켜주는 작은 거인들이 이 분들이 아닌가 생각을 해 봅니다. 물론 제 직업도 중요하지 않다는 것이 아니라 이렇게 사회 각 구성원들이 자신의 직업에 대해, 자신의 역할에 대해 자부심을 갖고 최선을 다할 때 우리는 서로에게 격려가 되고 응원을 받게 됩니다.

내게 도전의 대상이 있다는 것은 중요합니다.

그것은 경쟁의 대상과는 다른 의미입니다. 그냥 이기고자 하는 대상이 아니라 그 대상이 있음으로 내가 성장하기 위한 동기가 유발되고 힘을 얻는 대상을 말합니다. 즉, 누군가가 나의 도전의 대상이 된다는 것은 그로부터 받는 영향력이 있다는 것입니다. 본받고 싶은 것이 있다는 것, 내 주변에 내가 본받고 싶은 대상이 있다는 것은 축복의 일이지요. 그 대상이 당신이었으면 하는 바램입니다. 아니, 제가 바랄 것도 없이 이미 당신은 누군가에게 도전의 대상이 되어 있음을 기억해야 합니다.

어느 누구에게서도 배울 것이 없는 사람은 없습니다.

이 세상의 사람은 적어도 한 가지는 다른 사람에게 영향력을 줄 수 있습니다. 먼저 영향력은 쌍방 간에 준비된 열린 마음에서 시작되지만 그렇다고 열린 마음이 상대방의 모든 것을 다 수용하지는 않습니다. 가장 자극적인 것일 수도 있고 가장 가치 있는 것일 수도 있습니다. 그래서 영향력은 좋은 영향력도 있지만 나쁜 영향력도 있습니다. 내가 갖고 있는 영향력이 만약 단 한 가지라면 그것이 좋은 것인지 나쁜 것인지 생각해 볼 필요가 있습니다. 왜냐하면 나쁜 영향력일수록 전파력이 강하기 때문입니다. 당신이 지금 누군가의 단점이나 잘못을 험담하고 비난하고 있다면 당신은 그때부터 그 사람의 단점이나 잘못에 대한 영향력 하에 놓여 있다는 것에 긴장해야 합니다. 당신이 그 사람의 흉을 보는 순간 당신도 그 사람의 잘못을 저지를 확률이 높기 때문입니다. 한동안 우리나라에 '칭찬합시다!'하며 칭찬릴레이와 같은 TV 프로그램이 인기를 끈 적이 있습니다. 칭찬이 고래를 춤추게 하듯이 당신의 말 한마디는 영향력도 만들어 낼 수 있습니다. 상대방이 영향력을 가질 수도 내가 영향력을 가질 수도 있습니다. 물론 진정한 영향력은 말 만으로만 이루어질 수 없습니다. 그래서 당신에게 도전이 되었다는 말이 빈말이 되지 않기 위해서는 정직하고 구체적으로 상대방을 바라볼 수 있어야 합니다.

정말 상대방의 무엇이 나에게 도전거리가 되지 않는 한 이 말은 하지 않느니만 못합니다. 하지만 앞서 말한 바와 같이 이 세상의 어느 누구도 내가 배울 점이 있기 때문에 내가 상대방에게서 배울 점을 찾으려는 노력은 결코 헛된 낭비가 되지 않을 것입니다.

그래서 저는 언제부턴가 사람을 만날 때면 그 사람의 장점이 무엇일까 하고 관찰하는 습관이 생겼습니다. 그리고 반드시 정확히 근거가 있는 관찰이 되었을 때 관찰에 근거해서 칭찬의 말을 건넵니다. 그러면 그 사람은 저를 신뢰합니다. 제가 한 말이 결코 아부나 농담이 아니라는 것을 알기 때문입니다. 또한 더욱 좋은 것은 그렇게 칭찬을 했던 그 사람의 장점은 제 것이 될 확률이 높습니다. 사람을 만날 때마다 장점을 보는 눈은 저를 각종 가치로운 장점으로 무장된 영향력 있는 사람으로 성장시킵니다.

영향력을 주고받는 유아들의 놀이를 살펴봅시다.

유아들의 놀이를 보면 사회적 상호작용이 어떻게 발달하느냐에 따라 그 유형이 달라집니다. 놀이에 참여하지 못하고 순간적으로 관심을 나타내거나 흥미에 따라 잠시 잠깐 다른 친구들의 놀이를 바라보는 비참여 행동(non-play behavior), 말을 건네고 질문도 하고 제안을 하지만 놀이에 참여하지 않는 지켜보기(looking behavior), 다른 유아들과 가까이 놀지만 같이 놀려는 생각없이 다른 놀이감을 가지고 자신의 놀이에만 몰두하는 혼자놀이(solitary play), 친구들과 함께 노는 것을 좋아하고 친구곁에서 놀이를 하지만 서로 영향을 주고받는 상호작용을 하지 않는 병행놀이(paralled play), 친구들과 어울려 놀며 공통의 관심사에 대화도 하며 놀잇감을 나누어 가지나 역할분담이나 조직적 전개없이 자기가 원하는 대로 놀이하는 집단놀이의 형태인 연합놀이(associative play), 그리고 놀이 리더와 공동의 목표가 있어 역할분담의 조직에 따라 이루어지는 체계적인 협동놀이(cooperative play)가 있습니다. 병행놀이 이후 유아들이 놀이를 할 때 상호작용을 하며 서로 영향을 주고받는다는 것은 유아들도 자신도 모르게 자연스럽게 서로가 갖고 있는 영향력에 대한 가치를 수용하고 있다는 것입니다. 내가 그리는 꽃 그림을 내 옆에 있는 순돌이가 똑같이 따라 그리고 있는 것을 넌지시 훔쳐보며 혼자서 배시시 웃었던 경험을 누구나 갖고 있을 것입니다.

사람은 혼자서는 살 수 없습니다. 누군가에게 자신의 능력과 존재에 대한 인정을 받음으로써 사람이 갖고 있는 내면적 특성은 어떤 성장을 하게 됩니다. 그래서 혼자서 많은 능력을 갖고 있다고 신나할 필요도 없고 또 없다고 우울해 할 필요도 없습니다. 우리 모두 서로가 서로를 서로의 장점을 격려하며 응원하며 사는 세상이기 때문입니다. 상대방이 없으면 아무 의미 없는 나의 능력에 대해 도전이 되었다고 인정해 주는 누군가가 있다면 그의 성품에 도전을 가져볼 만합니다. 고마운 거지요. 내가 누군가에게 도전거리를 찾을 수 있다는 것, 그 도전거리를 갖고 있는 존재가 있다는 것, 감사한 일입니다.

성장을 위해 무(無)에서 유(有)를 창조할 수는 없습니다. 하지만 내 주변 가까이에 있는 유(有)의 존재로부터 갖는 도전은 나의 성장을 도울 것입니다. 먼저 그를 세우십시오.

당신에게 도전이
되었습니다.

10
장

당신을 이해하고 싶습니다

제가 유아교육현장에 교사로 몸담고 있었을 때, 어느 날 눈매가 선한 한 어머님께서 입학 상담을 하러 오셨습니다. 그리고 어머님 뒤에 전혀 다른 눈매를 가진 까무잡잡한 피부색과 작지만 단단해 보이는 체구의 남자 아이가 따라오고 있었습니다. 상담 시 목사님 사모님이셨던 어머님은 아이가 좀 반항적이라고 언지를 주시기는 했지만 저는 그 이후 저희 반이 폭력의 현장이 될 줄은 꿈에도 몰랐습니다.

만 3세인 그 남자 아이를 아무도 건드리지 못했습니다. 감히 그렇게 되었을 때는 그 작은 아이에게 멱살을 잡히기 십상이었습니다. 아무리 개인적으로 그 아이를 다독이고 잘못된 행동 때문에 다른 친구들과 좋은 관계를 맺을 수 없음을 말해 주어도 그 때 뿐이었습니다. 그래서 학기 초 매일 저를 찾는 학부모의 전화가 끊이지를 않았습니다. '피카츄'라는 아이가 자기네 아이를 괴롭힌다는 것입니다. '피카츄'는 공격적 행동을 보이는 아이가 늘 입고 다니던 웃옷에 그려져 있는 캐릭터였습니다. 시간이 좀 더 지나자 그 아이는 제가 보이는 곳에서는 그런 행동을 보이지 않았습니다. 그러나 보이지 않는 곳에서 여전히 아이들을 힘으로 지배하려고 했습니다. 아이들은 그 아이가 무서워서 저에게 말하지 않았습니다. 어쩌다 발견한 이러한 상황에 저는 아연실색했습니다. 표면적으로 저희 반에서 그 아이의 공격적 행동은 보이지 않았지만 저희 반 아이들은 누릴 수 있는 최선의 행복을 느끼지 못하는 듯 했습니다. 그런데 그 아이도 행복해 보이지 않았습니다. 늘 불만이 가득한 표정이었습니다. 두 해가 흘러 졸업식을 앞두고서도 저는 그 아이와 소통하고 있지 못했습니다. 그 아이에 대한 저의 무능력감이 밀려왔습니다. 졸업선물로 아이들에게 주는 마음의 카드를 쓰면서 저는 '마지막'이라는 단어를 가슴에 치며 그 아이를 떠올리며 편지글을 썼습니다.

졸업 한 달 후, 그 남자아이의 여동생도 입학을 했습니다. 그때 어머님은 매우 행복하신 표정으로 제게 말씀하셨습니다.

"선생님, 도대체 그 카드에 뭐라고 쓰셨길래 순돌이가 눈물을 흘리나요? 저희 순돌이 이제 초등학교에 가서 정말 멋진 정의의 사도가 되었답니다! 선생님 감사해요!"

'내가 무어라 썼나...'

저는 가만히 기억을 떠올렸습니다. 그리 어렵지 않았습니다. 왜냐하면 가슴을 치며 썼던 이유가 그 아이에 대해 포기하고 싶지 않은 제 마음을 고스란히 적었기 때문입니다.

'순돌아, 순돌이는 늘 1등이 되고 싶지요. 1등이 되면 제일 좋은 거라고 생각하는 거지요. 그래서 1등이 되려고 뭘 하든지 제일 먼저 달려오고 제일 먼저 하려고 하지요. 그런데 정말 제일 먼저 하는 것이 제일 좋은 것일까요? 선생님은 순돌이가 1등이 되는 것도 좋지만 1등이 되는 것보다 순돌이가 1등이 되지 않더라도 친구들과 사이좋게 지내서 친구들이 많은 것이 좋단다. 1등도 되고 친구도 많으면 더 좋지요. 초등학교 올라가서 그런 친구가 순돌이라고 다른 친구들이 자랑해주면 선생님은 정말 행복하겠어요! 멋진 순돌이 ~ 파이팅 !!!!'

무얼까 .... 왜 그렇게 그 아이가 공격적 행동을 보이는 걸까 ... 고민 끝에 제 마음속에 그려진 이유가 칭찬을 받는 이유에 대한 그 아이의 잘못된 이해라는 생각에 머물렀습니다. 졸업을 앞두고 '마지막'이라는 단 한번의 남은 기회에 제게 그 아이에게 전한 마음아린 글이었습니다. 내 마음을 알아줄까.....

'understand'

우리는 보통 이 영단어를 '이해하다'는 의미로 알고 있습니다. 그런데 단어의 구조가 참 재미납니다. under '아래에', stand '서다' … 즉, '아래에 서다'입니다. 이해한다는 것은 동등한 입장에서 하는 것이 아니라는 것입니다. 상대방의 입장 아래에 서 봐야 그 상대방의 속사정을 이해할 수 있다는 것입니다.

아이가 아무 말도 못하고 울고 있습니다. 동등한 입장에서 그 아이의 울음은 시끄러운 소음에 지나지 않습니다. 하지만 그 아이의 입장 아래에 서 보려고 한다면 배가 고파서 우는지, 기저귀가 불편해서 그런지, 엄마가 보고 싶어서 그런지 이해할 수 있습니다. 그러면 도울 수 있습니다. 이해를 해야 도울 수 있습니다.

우리는 매일 매 순간 평가를 합니다. 예쁘다, 밉다, 크다, 작다, 많다, 적다, 어울린다, 조화롭지 못하다 등. 그런 평가가 좋은 평가일 때 기분이 썩 나쁘지는 않지만 그렇다고 다른 사람에게 평가를 받는다는 것이 누구에게나 그리 좋은 기분은 아닙니다. 그래서 평가를 하는 것도 조심스러운 일입니다.

교사의 중요한 일 중의 하나가 평가입니다. 관찰과 수업을 통하여 얻은 학습자에 대한 정보를 학습자의 성장을 위하여 활용해야하기 때문입니다. 하지만 그러한 좋은 목적이 있어도 평가를 받는 학습자는 평가에 대해 그리 좋은 경험을 갖고 있지 않은 예가 대부분입니다. 우리가 통상 갖는 '평가'에 대한 개념은 '비교'에 근거하고 있기 때문입니다.

제가 시간강사로서 강단에 섰던 초창기에 저에게 '교육학개론'에 대한 강의가 주어졌습니다. 저는 그때 제가 사용했던 교육학개론 교재를 잊을 수가 없습니다. '교육평가' 부분의 강의를 준비하면서 저는 바람직한 평가에 대한 저의 신념을 확고히 세울 수 있었기 때문입니다. 그 책에는 평가에 대해 이렇게 소개되어 있습니다.

'평가의 기저에는 비교가 아니라 이해의 개념이 있습니다.'

평가는 비교가 아니라 이해를 위해서 이루어져야 합니다. 이해를 위해 평가를 해야 하는 궁극적인 이유는 그 학습자를 돕기 위한 것이지요.

저 아이가 이 아이보다 눈이 나쁘니까 앞자리에 앉혀야겠다, 이 아이가 저 아이보다 키가 크니까 뒤 자리에 앉혀야겠다. 저 아이가 공격적인 행동을 하는 것은 말을 잘 못하기 때문이므로 말하는 방법을 가르쳐 주어야 겠다, 저 아이가 김치를 싫어하니까 김치를 물에 씻어서 주고 김장 만들기를 해 보아 관심을 갖도록 해 주어야 겠다. 이건 말할 것도 없는 유아교사 뿐 만 아니라 교사라면 당연히 가져야 할 평가의 자세입니다. 그런데 왜 우리의 학습자들은 여전히 평가받는 것에 힘들어 할까요?

서면평가만을 주로 해 왔던 과거와는 달리 현재 교육계에는 다양한 평가방법들이 시행되고 있습니다. 다양한 평가방법이 연구되고 개발된 이유는 학습자에 대한 다면적 이해라는 측면이 하나의 목적일 것입니다. 그래서 최종 평가를 통한 이해에 대해 교사들은 수치를 내어 점수화합니다. 비교합니다. 비교가 나쁘다는 것이 아닙니다. 다만 '~ 보다 나은', '~ 보다 못한' 이 평가로 그쳐서는 안 된다는 것입니다. 돕는 것이 목적이 되어야 한다는 것입니다.

평가가 목적이 아니라 돕는 것이 목적입니다.

현재 대학에서 다양한 특징을 갖고 있는 예비유아교사들이 매주의 수업시간에 임합니다. 일반적으로 교수자인 교수님들은 예비유아교사들이 모두 교수님들이 그리는 모범답안 같은 교사상을 그리며 그들이 준비되어지기를 기대하면서 가르칩니다. 그것은 저 역시 마찬가지입니다. 하지만 현실적으로 느끼는 것은 정작 예비유아교사들도 개인적 특성이 모두 다르기 때문에 개별화의 원리를 적용할 필요를 느낍니다. 예를 들면 서면평가에서는 별로 점수를 못 받은 학생이 실기 모의수업에서는 좋은 평가를 받는 경우입니다. 비단 이것뿐 만 아닙니다. 유아교육과에 아무리 다양한 과목이 있어서 학생들의 이모저모의 능력을 가르치고 평가한다지만 한 사람이 가지는 역량이 그렇게 단순하지 않습니다. 그 역량이 보이기도 하지만 숨어 있기도 합니다. 그래서 함부로 한 학생이 어떠하다고 말하기가 쉽지 않습니다. 어떤 학생은 다 자란 성인이라고 생각되지만 많은 기다림을 필요로 하는 학생도 있습니다. 그 학생에게는 그 학생이 성장할 것이라고 믿어주며 기다려주는 교사가 필요한 것입니다.

한 학생의 이야기입니다.

이 학생은 '영유아교육과정'이라는 수업시간에 들어와서 계속 잠을 잤습니다. 졸음을 이겨내지 못합니다. 물론 제 수업만이 아니라고 하지만 워낙에 이 과목이 갖는 중요성으로 저는 이 학생이 이 과목을 pass하지 못할 까 염려가 되었습니다. 그래서 어느 날 저는 드디어 마음을 먹고 그 학생을 향해 소리를 쳤습니다.

"순돌아! 어서 일어나요! 화장실에 가서 세수라도 하고 오세요!"

마치 고등학교 담임선생님 같은 모습을 방불케 했던 저의 호통은 그 학생의 마음에 동력이 생기게 했습니다. 눈을 반짝이며 일어난 그 학생은 저에게 요청을 했습니다.

"교수님, 이전 자료들을 잃어버렸는데요, 다시 얻을 수 있을까요?"

수업이 끝나고 그 학생과 하이파이브를 했던 손에서 그 학생이 짓는 희망의 미소가 느껴졌습니다.

그 학생은 현재 저의 과목 중 '교과교재 연구 및 지도법'이라는 수업을 수강하고 있습니다. 그 학생은 강의가 시작되자마자 제게 문자를 주었습니다.

“교수님, 제가 교구를 준비하는 과정, 과정을 때때마다 미리 미리 점검 받고 싶은데요, 해주실 수 있나요?”

제가 감사했겠지요. 정말 감사했습니다. 자신을 알고 자신의 수업을 계획할 수 있게 된 그 학생의 인내와 의지, 겸손한 마음에 감사했습니다.

모든 사람이 다른 사람을 완벽히 이해하기란 불가능합니다. 교사 역시 모든 학습자의 상황을 이해하기란 쉽지 않습니다. 사람들이 교사들이 다른 이들과 동일한 경험을 하는 예는 그리 흔한 것이 아닙니다. 하지만 사랑하면 노력할 수 있습니다. 아래에 설 수 있습니다. 그 사람의 아래에 서서 그 사람의 입장을 고려하는 것. 그것은 사랑의 노력으로 이루어지는 것이며 교사가 학습자를 평가 할 때 가져야 할 기본적 태도입니다. 사랑 때문에 객관적 평가를 못하는 맹인이 되라는 것이 아니라 사랑 때문에 보다 객관적 평가를 하고 그 결과에 대해 도울 수 있는 방법을 강구하고 적용하는 것이 교사의 역할이라는 것입니다.

그래서 저는 먼저 저와 동일한 사람을 세우는 사명을 갖고 계신 교사 분들께 저의 사랑의 고백을 하고 싶습니다. 학습자에 대한 사랑의 중요성을 저만이 느끼고 생각하는 것이 아니며 또 그 중요성만큼 쉽지 않은 노력임을 알기 때문입니다. 그래서 저희 교사들끼리도 그리고 저희에게서 배우는 학습자들에게도 '사랑의 평가'를 해야 합니다. 저는 그 마음을 이렇게 표현하고 싶습니다.

당신을 이해하고
싶습니다.

11
장

항상
배우는 자리를
놓치지
마십시오

저는 지금까지 살아오면서 현재 감사한 것이 세 가지가 있습니다.

첫째, 하나님의 자녀로서 부르신 것

둘째, 교사로서 부르신 것

셋째, 배우는 자로서 부르신 것

하나님의 자녀다워서가 아니라, 하나님의 자녀로서의 자질이 부족함에도 자녀라는 특권을 주셔서 하나님의 자녀로 닮아가도록 기회를 주신 것에 감사드립니다.

교사다워서가 아니라, 교사로서의 자질이 부족함에도 교사라는 직업을 주셔서 사람을 사랑하고 세우는 사명을 섬기게 하신 것에 감사드립니다.

배울 역량이 부족함에도 배우고자 하는 열망을 주셔서 배우는 자리를 놓치지 않도록 하신 것에 감사드립니다.

저는 가르치는 자, 일명 교사라는 직업군에 있습니다.

교수직도 교사라고 저는 감히 생각합니다. 대부분의 교수님들께 제가 존경하는 교사상을 발견했기 때문에 저는 이 말을 자랑스럽게 말씀드릴 수 있습니다. 그리고 또 한 가지 그러한 존경하는 교사상에서 저는 그 분들이 늘 배우고 있다는 것을 확인합니다.

제게 많은 영향을 주셨던 모 교수님은 중앙대학교에 교수님으로 재직 중에 있으실 때도 주1회 writing lesson을 받으시는 것을 보고 저는 깜짝 놀랐던 기억이 있었는데, 퇴직 후에도 70세 연세에도 자녀들에게 카카오 톡을 배우신다는 말씀에 저의 그 기억이 교수님의 평생 다른 사람을 세우는 교사로서의 기본 자세이셨다는 것을 확신할 수 있었습니다.

지난 여름에 저는 흥미로운 메일을 받아보았습니다. 국내 오디음악의 선구자이신 노주희 교수님의 직강으로 이루어지는 국비연수생을 선발한다는 내용이었습니다. 10주 동안 이루어지는 장기간의 연수라는 부담도 있었지만 연수대상의 연령대가 어릴 것이라는 예측에 쉽게 도전의 마음을 갖기가 어려웠습니다. 하지만 문학과 음악과 인성교육의 연결이라는 연수 프로그램 내용이 저의 관심을 집중케 했고 저는 문을 두드리기로 마음먹고 마음속에 "도전!"을 외쳤습니다.

전국에서 50명을 선발하는 국비연수인 위상처럼 세 단계를 거쳐 연수생이 선발되었습니다. 서류심사와 집단면접 그리고 개인면접을 통하여 저는 다시 한번 배움에 대한 설렘을 품었습니다. 개인면접에서 노래를 불러야 한다는 것에 놀람을 금치 못했지만 저의 최선이 무엇일까 고민한 끝에 고교시절 지은 저의 창작노래를 준비하여 불렀습니다.

최선을 다하기는 했지만 저는 제가 된다면 그것은 정말 기적일 것이라고 생각했습니다. 면접을 보러 오신 많은 분들이 다 보통 분들이 아니었습니다. 그런데 제가 합격의 영광을 얻었습니다. 너무도 감사하고 감사해서 저는 O. T 때부터 맨 앞자리를 놓치지 않았습니다. 연수에 임했던 과정 내내 저는 음악감수성 교육에 대한 신세계를 경험하며 노주희 교수님의 교육 신념이 담긴 열강에 깊은 감동을 했고 그 배움의 자리는 저에게 유아 음악교육에 대한 새로운 도전의 열정을 갖게 하는 계기를 주었습니다.

가르치는 사람은 배우는 사람이어야 합니다.

배우려고 노력하는 사람은 당할 사람이 없습니다. 하지만 그것은 비단 지식뿐만 아니라 인성도 성품도 배워야 합니다.

'놀이지도'는 1학년 교과목으로서 모의수업을 통하여 평가를 합니다. 하지만 처음 모의수업을 하는 1학년이 모의수업을 통하여 평가를 받는 것은 쉽지 않습니다. 학생들의 피드백 요청에 따라 저는 함께 수차례의 교육계획안 수정작업을 하고 수정된 교육계획안을 가지고 학생들은 수업에 필요한 교구제작과 수업진행을 하게 됩니다.

평가를 받기 위해 1주일 내내 밤낮으로 교육계획안을 준비했던 한 학생이 드디어 모의수업을 시연하는 날이었습니다. 참 안타까운 것은 제가 그 학생이 얼마나 1주 동안 밤잠을 설쳐가며 한 노력을 알고 있다는 것과 그러함에도 그 학생의 수업에 수정지도를 해 주어야 할 미비함이 많았다는 것이었습니다. 하지만 그 미비함을 지적하고 수정할 수 있도록 지도하는 것이 제가 그 학생에 대한 책임감의 자리였습니다. 마음이 아팠지만 하나하나 말해 주었습니다. 그 시간에 말해 주지 않으면 또 그런 실수를 범할 것이라는 생각에 각오를 하고 말해주었습니다. 이것은 저만의 마음은 아닐 것입니다. 하지만 그 학생의 눈에는 눈물이 그렁그렁 맺혀가고 있었습니다. 제 마음이 참 아렸습니다.

수업이 끝나고 저는 그 학생을 기다렸습니다. 다행히 귀가 방향이 같았던 그 학생과 저는 천안역에서 우동을 한 그릇씩 먹으며 이야기를 했습니다. 이런 저런 이야기를 하다가 취업할 때 원장선생님들이 성품이 준비되지 않은 능력이 좋은 교사와 능력은 좀 못 미치나 성품이 좋은 교사 중 어떤 교사를 선택할까?에 대해 물었습니다. 그랬더니, 그 학생은 정답을 말해 주었습니다.

"성품이요!"

능력이 많아도 겸손치 않아 배우려고 하지 않는 교사를 원장선생님께서 채용하시지 않는 것은 당연한 것이며, 능력이 좀 미비해도 배우려고 하는 교사는 원장선생님께서 계속 가르쳐서라도 곁에 두시려고 할 것이라는 것입니다.

그 날 밤, 그 학생으로부터 문자가 왔습니다. 그냥 집에 갔더라면 마음이 많이 상했을 것이라고요. 그 학생이 선택해 준 정답에 저는 감사를 드립니다.

배우고자 사람은 특혜가 있습니다.

일신 日新 우又 일신 日新

날마다 새로워지는 자신을 발견하는 기쁨을 누리게 됩니다.

하지만 교사는 그 기쁨의 자리가 책임의 자리이기를 바랍니다. 앞서 말씀드린 오디음악감수성 국비연수에 참여하면서 저는 참 많은 질문을 했습니다. 모르는 것이 많아서 질문을 한 것이겠지만 다소 내성적이기도 한 제가 용기를 내어 질문을 했던 이유는 제가 궁금한 것이라면 다른 누구도 궁금할 것이며 그 사람이 제게 질문했을 때 제가 답을 제공해 주어야 한다는 교육적 책임 때문이었습니다.

저는 배우는 것을 좋아해서 생물학과 대학 동아리 "서도회" 활동을 했을 때 만든 개인 호(呼)가 "애학(愛學)"입니다. 하지만 그때는 가르치는 것에 대한 소명의식이 없어서 그냥 배우는 것만 좋아했습니다. 그래서 제가 배우는 것에 대한 책임의식을 갖지 못했던 기억이 있습니다. 하지만 교사가 된 지금, 교사로서의 자부심이 있는 지금, 교사로서의 감사함이 있는 지금, 저는 책임을 갖고 배우려고 합니다. 배우는 자리가 가르치는 자의 책임을 증명하는 자리가 되어야 한다고 감히 생각합니다.

항상 배우는 자리를
놓치지 마십시오.

12
장

나 자신부터
변화하는
기쁨을
누리십시오

Change is not Big-Bang but earthworm.

이것은 유아교육학과 대학시절 유아교육철학시간에 제 마음판에 새겨졌던 Schiller의 명문장입니다.

변화는 우주대폭발이 아니라 지렁이입니다. 변화에 대한 이 우스꽝스런 비유에는 정말 상상도 못할 엄청난 보석 같은 뜻이 숨어있습니다.

교육자들은 보통 교육을 변화에 비추어 설명합니다. 그런데 위의 말에 의하면 변화란 갑자기 "펑"하고 터지는 우주대폭발

처럼 순간적으로 빨리 일어나는 것이 아니라 지렁이가 움직이듯 서서히 이루어져야 한다는 것입니다. 지렁이가 1m를 움직이기 위해서 가장 무거운 머리를 듭니다. 그리고 목을 들고 어깨를 들고 허리를 들고 하면서 쉼 없이 끊임없이 인내와 투지를 가지고 똑같은 움직임을 반복하면서 나아갑니다. 정말 정말 쉽지 않은 행보(行步)입니다. 하지만 1m의 변화를 위하여 지렁이는 계속하여 움직입니다. 그 1m가 2m가 되고 그 2m가 4m가 되면서 지렁이는 울타리를 넘고 개울을 건널지도 모릅니다. 터널을 뚫을 지도 모르지요. 변화는 그런 것입니다. 교육은 그런 것입니다. 갑자기 이루어지지 않습니다. 그래서 쉽지 않습니다.

예전, TV드라마 "여인의 향기"에서 주인공인 배우 김선아님은 죽음의 선고를 받습니다. 그래서 그는 죽음을 앞두고 하고 싶은 소원을 적는 버킷 리스트(bucket list)를 만듭니다. 그 리스트대로 주인공은 평소에 해 보지 못했던 일들을 해 나갑니다. 10년 동안 바꾸지 않은 휴대폰을 바꾸고, 탱고를 배우고, 제주도 여행을 가는 등. 우리는 흔히 우스개 말로 '사람이 안하던 짓을 하면 죽을 때가 되었다'라고 합니다. 그만큼 변화는 죽음 앞에서 이루어지듯이 어려운 것입니다.

그렇다고 교육을 통해 유아들의 변화를 도모하는 우리 교사들이 유아들을 죽음앞으로 내몬다고 한다면 정말 우스개 말일 것입니다. 그 만큼 우리 유아교사들이 중요하고 어려운 일을 감당하고 있다는 것입니다.

변화는 좋은 변화가 있고 나쁜 변화가 있습니다.

좋은 변화를 경험하지 못한 사람은 좋은 변화에 대한 모델도 되어 줄 수 없고 영향력도 줄 수 없습니다. 유아교사는 좋은 변화를 스스로 조장하고 관리하며 누릴 수 있어야 합니다.

"나는 원래 이래"라는 말은 버리십시오.

원래부터 그런 사람은 아무도 없습니다. 그리고 당신의 마음먹기에 따라 당신의 최선의 변화를 누릴 수 있습니다.

누구든지 자신이 극복하고 싶은 삶의 영역에 대한 변화를 꿈을 꿉니다. 하지만 돌아서는 이유는 최종 목표만 보고 자신의 현재 모습을 수용하지 못하는데 있습니다. 그냥 '저는 그거 못해요.'하는 사람들이 있습니다. 그것은 못하는 것이 아니라 안하려는 것입니다. 물론 더 잘 할 수 있는 기질이나 성격적 특성이 있는 어떤 사람에게는 그 능력이 더 잘 갖추어 질 수 있습니다. 하지만 정말 그 능력이 갖고 싶다면 그 능력을 다른 사람이 아닌 내 것으로 만들 수 있는 시간과 노력에 대한 계산을 하고 투자해야 합니다. 내게 한계가 있고 시작점이 다르다고 목표에 못 오르는 것은 아닙니다. 다만, 내가 눈이 잘 안보이면 안경을 써서라도, 5층에서 시작하는 다른 사람과 달리 1층부터 올라가야 하는 나의 시작점이라면 내가 얼마나 목표지점에 가고 싶은 열망이 있는가를 점검해 보아야 합니다. 그것이 안경을 안 써도 눈이 잘 보이는 5층에서 시작하는 사람보다 비교할 수 없이 크다면 최선을 다해 지렁이처럼 열심히 올라가면 됩니다. 물론 그 옆에 당신과 같은 지혜로운 교사의 사랑 가득한 안내가 있다면 학습자가 더없는 힘과 확신을 얻겠지요.

변화는 행함을 수반하지 않으면 이루어질 수 없습니다.

결심을 하면 실천이 뒤따라야 한다는 것입니다. 의도하든지 의도하지 않든지 시간이 지나면 사람에게는 자연스럽게 변화하는 것이 있지만 꼭 마음을 먹고 실천을 하고 내 몸에 배이게 하여 습관이 되어야 하는 것이 있습니다. 그런 것은 참 어렵지요. 어떤 행동이 내 몸에 배이게 하기 까지는 상당한 시간의 노력이 들어가야 하기 때문입니다. 저는 크리스챤입니다. 하지만 이 말을 하는 것은 참 쉽지 않습니다. 이 말을 하는 순간부터 사람들은 저를 예수님의 잣대로 평가하기 시작하기 때문입니다. 제가 존경하는 모 교수님은 늘 수업시간에 이런 말씀을 하셨습니다.

"나는 하나님을 믿는 사람입니다."

저는 그 분의 그 장엄한 고백에 늘 가슴이 울렸습니다. 어떻게 저런 고백을 하실 수 있으실까 ..... 비신앙인의 시선에 대한 두려움 없이 이어지는 교수님의 자신감 넘치고 신념이 살아있는 강의는 '변화를 동반하지 않는 지식은 무가치하다'라고 했던 무디(Moody)의 명언을 무색하게 했습니다. 교수님은 늘 알고 계신 것을 믿고 계신 바를 몸소 강의실 뿐 만 아니라 삶에서 실천하고 계셨습니다. 그것은 행함을 통하여 변화를 일구어 내는 교사의 본(本)입니다.

저에게 그런 행(行)함의 중요성을 더 일찍 일깨워 주신 분은 사랑의 교회 청년부에서 저를 비롯한 청년들을 섬겨주셨던 박성남 전도사님이셨습니다. E-LAND 부사장님까지 역임하셨던 전도사님은 아파트 주변을 돌며 짝 맞지 않는 재활용품 가구를 모아서 집안 인테리어를 하시기로 유명하셨습니다. 스스로 가르치는 자로서 삶속에서 당신이 가르치실 것에 대한 행함의 본(本)을 보이시고 따라오라고 하셨습니다.

교사는 안내자이며 돕는 자입니다.

그러나 또한 먼저 행하고 따라오라고 손을 잡고 이끌어 주는 지도자여야 합니다. 그래서 지렁이 머리를 드는 작업이 제일 어렵고 힘들지만 교사가 그것도 교육의 기초인 유아교육자가 해주어야 한다고 합니다.

그러나 저를 감동케 했던 것은 교육개혁위원회 때문에 새벽 4시에 출근하셔서 서류를 준비하시는 모 교수님은 전혀 힘들어 보이지 않으셨다는 것입니다. 교수님은 먼저 교사로서 변화에 대한 두려움을 기쁨으로 즐기고 계셨습니다. 그리고 따라오라고 하셨습니다.

저는 지금 강단에 서면서 그 분을 감히 따라해 봅니다.

"저는 하나님을 믿는 사람입니다. 그리고 교사입니다. 여러분을 돕기 위해 매일 변화하고 있습니다. 나를 따라 걸어봅시다. 재미있습니다!"

나 자신부터 변화하는
기쁨을 누리십시오.

13 장

항상 당신을 행복하게 관리하십시오

당신은 언제 행복을 느끼시나요?

박사과정 첫 시간인 '유아교육정책' 수업에서 조형숙 교수님께서 대학원생들에게 하신 질문이셨습니다. 행복지수에 대한 중요성이 한창 화두가 되던 시기로 기억합니다. 그 질문에 학생들은 저마다 고개를 끄떡이며 미소를 짓게 되는 대답들을 해 주었습니다. 예쁜 옷을 입을 때, 맛있는 음식을 먹을 때, 목적했던 성과를 올렸을 때, 살을 뺐을 때 등등. 그 때 저는 이렇게 대답했던 것이 기억됩니다.

“아이스 아메리카노를 들고 대학교정을 걸을 때 저는 행복을 느낍니다.”

10여년 동안 유치원현장에 있다가 새로운 여유를 접한 저에게 다가온 행복이었습니다.

그런데 행복은 정말 내가 의도하지 않았는데 다가오는 것일까요?

유아과학에 조예(造詣)가 깊으신 조형숙 교수님은 매달 출판사로부터 과학관련 추천도서를 탐독하시면서 과학에 대한 지식을 관리하신다고 하십니다. 교수님은 참 낙천적이십니다. 그래서 다른 사람들을 유쾌하게 해주십니다. 저는 그렇게 주변 사람들을 세워주시는 교수님의 궁극적인 힘의 근원이 교수님 자신의 행복에 대한 관리에서 비롯됨을 발견합니다.

당신이 관리되지 않으면 다른 사람을 도울 수도 가르칠 수도 없습니다.

특히 교사는 자신을 관리하는 데 소홀함이 없어야 합니다. 지식과 생각뿐만 아니라 단정한 외모도 마찬가지입니다. 또한 그러한 것을 관리하기 위한 시간관리가 잘 이루어지지 않으면 다른 사람을 세울 수 있는 여건이 마련되지 않습니다. 사람을 세우는 것은 무엇보다 시간이 요구되는 작업이기 때문입니다. 하지만 더욱 중요하게 관리되어져야 하는 것은 마음입니다. 교사의 마음이 행복하게 관리되지 않으면 유아들을 행복하게 안내할 수 없습니다. 행복한 선생님이 행복한 유아들을 만듭니다.

당신이 행복한 것이 무엇보다 우선입니다. 창조주는 당신이 행복하도록 당신을 창조하셨습니다.

교사로서 당신이 행복을 느끼지 못한다면 긴급히 자신의 생활을 점검해야 합니다. 왜 내가 행복을 느끼지 못하느냐가 가장 표면적인 질문이겠지만, 사람을 세우는 교사라면 항상 내가 누구이며, 무엇을 해야 하며, 어떻게 살 것인가를 생각합시다.

그래서 행복이 갖는 '복된 행운'이라는 뜻이 무책임하게 산 삶에 다가온 요행(僥倖)이 아니라 나에 대한 사랑이 전제된 책임으로 성실로 무장된 결과로서 이해되기를 바랍니다.

그렇다면 행복을 관리하는 방법은 무엇일까요?

현대인의 알 수 없는 병의 근원인 스트레스 때문에 우리는 많은 대화 속의 질문 하나가 "스트레스를 어떻게 해결하십니까?"이나 저는 그것보다 "행복을 관리하는 방법이 무엇입니까?"라고 묻고 싶습니다.

앞에서도 말했지만 창조주 하나님은 우리를 행복하도록 창조하셨기 때문에 우리는 모두 행복의 요소를 갖고 있습니다. 그러니 찾아야겠지요. 내게 있는 행복의 요소들은 무엇일까요?

그것이 무엇이든지
그것을 보아주고 그것을 인정해주고 그것을 칭찬해주는 사람,
교사여야겠습니다.

하지만 행복을 느껴보지 못한 사람은 행복을 볼 수도 인정해 줄 수도 칭찬해 줄 수도 없습니다. 얼마 전 북한 보육원 사역에 관심이 있으신 어떤 분과 말씀을 나누던 중 그 분의 말씀은 참 마음을 아프게 했습니다.

"북한 사람들은 행복이란 단어를 모른답니다."

하지만 북한 사람들에게 행복이 무엇이냐고 물어보기 이전에

우리가 우리의 단추를 먼저 여밀 필요가 있습니다. 행복은 주어진 환경에서 관리하는 것입니다. 행복이 주어지는 완벽한 환경은 아무에게도 주어지지 않습니다. 절대적으로 물리적 조건을 다 갖춘 환경일지라도 표면화되지 않았을 뿐이지 누구에게나 넘어지고 얻은 찰과상에서부터 철썩같이 믿었던 사람으로부터 얻은 배신감으로 인한 마음의 상처에까지 겪어보지 않았다고 말한다면 그 사람은 정말 지구를 떠나야 할 사람일 것입니다.

영유아교사들은 현장에서 참 많은 일들을 합니다. 영유아들을 돌보고 교육하는 것이 주업무이나 그 밖에도 많은 행정, 관리, 상담업무까지도 전부 해야 하는 그야말로 팔방미인입니다. 아니 팔방미인이어야 합니다. 그래서 영유아들을 사랑해서 영유아교사가 되었음에도 과중한 업무로 행복하지 않을 수 있습니다. 그것은 심각한 문제입니다.

하지만 그렇다고 교사라는 직업을 박차고 사람을 세우는 소중한 일을 포기하는 것만큼 불행을 자초하는 행위 또한 없을 것입니다. 유아교육 현장은 영유아들에게 "재미"있는 곳입니다. 그런데 그것은 그들의 선생님에게 마찬가지 여야 합니다. "재미"있는 곳이어야 합니다. 선생님이 재미를 느끼는 곳, 행복한 곳이죠.

행복은 관리하는 것입니다.

잘못 놓여 졌으면 제대로 놓고, 없으면 채워 넣고, 먼지가 쌓였으면 털어내야 합니다. 자신의 행복한 삶을 관리하는 선행 작업이 매일 매일 유아들과 함께 하는 현장을 재미있는 곳으로 행복한 곳으로 관리할 수 있는 비결이 될 것입니다. 그럼 행복을 관리한다는 것은 무엇일까요?

두 나무꾼의 이야기를 들어봅시다.

두 나무꾼이 시합을 하였습니다. 아침 7시부터 저녁 7시까지 하루에 나무짐을 얼마나 많이 해내나 시합을 해 보자고 했습니다. A라는 나무꾼은 아침 7시부터 저녁 7시까지 1초도 쉬지 않고 나무짐을 했습니다. 그런데 B라는 나무꾼은 50분 일하고 10분 쉬고 50분 일하고 10분 쉬고 하였습니다. 저녁 7시에 누가 더 나무짐을 더 많이 했을까요? 맞습니다. 10분 쉬었던 나무꾼이 더 나무짐을 많이 했습니다. 1초도 쉬지 않고 일했던 A나무꾼은 너무도 억울해서 B나무꾼에게 물었습니다.

"당신은 10분 동안 무엇을 했나요?"

B나무꾼은 이렇게 대답했습니다.

"나는 10분 동안 도끼의 날을 갈았습니다."

'도끼의 날을 간다'는 뜻은 나무가 잘 잘려질 수 있도록, 나무꾼이 자신의 일을 잘 할 수 있도록 힘을 비축한다는 것입니다. 이것은 시간 관리에 있어서 필수입니다. 물론 시간의 물리적 공간(셀 수 있는 10분, 1시간, 1일 등) 도 그렇지만 시간 속의 정신적 공간(여유로운 마음, 융통성, 자신감 등)은 무엇보다 필요합니다.

저는 1998년 사랑의 교회 청년부에서 주최되었던 겨울 수련회에서 시간관리에 대한 강의를 한 적이 있습니다. 저를 강의 자리에 서게 해 주었던 많은 청년부 사람들의 지지와 후원에 힘입어 강단에 서기도 했지만 저는 제가 참 시간관리를 잘하고 산다고 자신하고 있었습니다. 전 시간의 자투리시간까지도 모두 사용하며 빈틈없이 바쁘게 살았습니다. 하지만 그 강의 후 저는 제 삶에 얼마나 큰 잘못을 하고 있는지를 깨달았습니다. 강의는 많은 사람들의 박수갈채를 받으며 마쳤지만 그 후 저의 삶에 찾아 온 골짜기는 제게 제 시간관리의 오류를 발견하게 해 주었습니다.

이런 저의 시간관리의 습관에 대해 저에게 매 주 영어역량의 증진을 도와주시며 현재 저의 영적 멘토이신 서은정 선생님은 이렇게 말씀하십니다.

"당신은 팽팽히 늘려진 고무줄 같습니다."

곧 끊어질 듯 위험스런 모양새를 하고 있다는 것이죠. 경고의 말씀이십니다. 이 말씀을 들을 당시 저는 행복하지 않았고 당연히 다른 사람들에게도 행복의 영향력을 전달할 수 없었습니다. 동양화의 여백의 미(美)는 물리적이든 정신적이든 삶에도 필요한 요소입니다.

그런데 동양화가가 화지에 여백을 만들 때도 그렇겠지만 삶속에서도 공간을 만들기 위해서는 쉽지 않은 결정을 해야 합니다. 화지에 그리고 싶은 모든 것을 다 넣지 않겠다는, 모든 것을 하고 싶지만 그 중 제 역량에 맞게 긴급하고 중요한 것을 선택하고 집중해야 한다는 절제심이 필요합니다. 모든 것에 대해 'YES'를 하는 긍정적 사고도 필요하지만 때로는 용기 있는 'NO'가 행복의 조건이 될 수 있습니다.

하나의 회사에는 여러 부서가 있습니다. 총무부, 인사부, 기획부, 영업부, 관리부 등. 어느 부서가 더 중요하고 덜 중요하다고 말할 수 없습니다. 사람의 삶에도 이러한 부서가 있습니다. 절대로 관리부서가 소홀히 되어질 수 없습니다. 즉, 교사로서 행복을 관리하지 않으면 내 삶의 목적으로도, 인간관계로도, 좋은 아이디어로도, 맡겨진 영유아들을 잘 세울 수 있도록 시기적절한 도움을 줄 수 없습니다. 행복 관리자로서 부지런 합시다!

항상 당신을 행복하게
관리하십시오.

14

장

정직한
거울보기를
즐거워합시다.

저는 매일 하는 일 중의 하나가 거울보기입니다.

단언컨대 그건 누구나 그렇지요.

만약 그렇지 않은 사람이 있다면 그것은 정서적이든 정신적이든 심각한 어려움이 있을 것입니다. 영아들은 거울속의 자신을 보면서 점차적으로 자신의 존재를 확인해 가지만, 거울은 성인이 되어서도 자신의 존재를 확인하고 수용하는 중요한 도구입니다.

'거울'하면 떠오르는 우리의 친밀한 동화가 있습니다. 〈백설공주〉입니다. 백설공주를 괴롭히는 마녀왕비는 매일 자신의 '요술거울'을 들여다보며 묻습니다.

"거울아 거울아 세상에서 누가 제일 예쁘니?"

왕비는 삶의 가장 중요한 목적이 자신의 외적 아름다움이었습니다. 물론 그것은 최고 지배력에 대한 대표성을 갖는 단어로 선택된 것일 수도 있습니다. 자신이 최고라는 확신이 있었고 그것을 매일 확인하는 것이 즐거움이었습니다. 그 확인을 돕는 도구가 그녀가 갖고 있었던 신비한 거울이었습니다.

이 거울은 생명이 있는 말을 하는 요술 거울입니다. 그리고 정직한 거울입니다. 언제나 진실만을 말한다는 이 거울은 어느 날 마녀왕비보다 백설공주가 더 아름답다고 말을 합니다. 자기 확신이 깨지는 순간 마녀왕비는 두려움에 어쩔 줄을 모릅니다. 자신을 수용하기보다 백설공주를 죽임으로 거울에 비추어진 미(美)의 2인자인 자신의 모습에서 도망가고 싶어합니다.

거울을 보는 것은 용기입니다.

요술거울이 말을 했다고 하지만 어쩌면 매일 거울을 통하여 마녀왕비가 자신을 향하여 말하고 있었을 것입니다. 자신이 제일 예쁘다고 말입니다. 하지만 어느 날 백설공주를 아름답게 본 순간 그녀는 거울을 통해 자신에게 말을 하고 있었던 것입니다.

자신보다 백설공주가 더 아름답다고 말입니다. 정말 받아들이고 싶지 않은 순간이지요. 언제나 최고의 외모만을 자신이 서 있는 그 위치에서 자랑스럽게 여기는 최고의 가치로 여겨왔는데 자신 스스로 자신이 2인자임을 인정하고 있다는 것은 참을 수 없는 일인 것입니다. 하지만 이 마녀왕비에게 참 부러운 것이 있습니다. 정직한 거울이 있다는 것입니다.

저도 때로는 그렇지만 자신을 정직하게 보는 것은 쉬운 일이 아닙니다. 거울을 보려고 거울 앞으로 나아가는 것도 용기가 필요하지만 매일 거울을 보며 이에 끼인 고춧가루를 빼고, 눈에 끼인 눈곱을 떼는 일은 내 허물이 잘 보이는 깨끗하게 잘 닦여진 거울일 때 가능합니다. 그것을 떼지 않고 외출을 해서 중요한 만남을 갖거나 한다면 어떻게 될까요? 정말 상상도 하기 싫은 소름끼치는 상황이 벌어질 것입니다.

내가 거울을 보며 빼야 할 고춧가루며, 눈곱들이 무엇일까요? 그것은 개인마다 다르겠지만 꼭 빼내야 한다는 것은 누구나 공감하는 것일 것입니다. 하지만 빼고 싶어도 거울이 깨끗하지 않으면 보이지 않습니다. 무엇을 빼야 할지 판단이 서지 않습니다. 저는 이제까지 살면서 이런 상황들이 종종 있었습니다. 그럴 때 제게 도움을 주었던 거울이 있었습니다. 제가 빼어야 할 고춧가

루가 무엇인지 눈곱이 무엇인지 제가 판단할 수 있도록 거울이 되어주신 많은 스승님들이 계셨습니다. 말씀대로 삶을 살아주신 전도사님, 지식대로 삶에 적용하시는 교수님들, 신념대로 삶을 실천하시는 선생님들.

교사는 정직한 거울이 되어 주어야 합니다.

저는 원래 교사가 되려고 하지 않았습니다. 제 주변 많은 친한 친구들이 거의 모두 고등학교를 졸업하고 교대와 사대로 입학을 하였지만 그때 당시 저는 교직에 매력을 느끼지 못했습니다. 제 인생을 바꾼 것은 신일교회에서 고등학교 1학년들에게 성경에 대한 믿음을 가르치기 시작한 교사의 직임이었습니다. 그때부터 저는 교사라는 역할이 어렵지만 정말 매력적인 역할이라는 확신을 갖게 되었습니다. 제가 어렵다고 하는 이유는 교사가 늘 돌아가야 할 Zero지점, 원점이 있다는 것입니다. 자신의 모습을 보기 위해서도 자신을 보며 닮아갈 제자들을 위해서도 교사는 돌아 갈 원점, 기준점을 지켜내야 합니다.

저는 이 원고를 집필하면서 제가 이제까지 살아오면서 제가 한 명의 교사로서 세워지키까지 제게 귀한 영향을 주신 저의 많은 스승님들을 기억할 수 있었습니다.

지금도 동일하게

유아교육의 발전을 당신의 삶속에서 실천하시며 미래를 보게 하시는 모 교수님, 바쁘신 일정 중에도 제자의 문자에 정겨운 답변으로 힘을 주시는 박찬옥 교수님, 철저한 논문지도를 통하여 제자가 온전하게 세워지기에 자신의 열정을 아끼지 아니하시는 지성애 교수님, 자아존중감의 중요성을 다시 한 번 실감케 하고 교육현장에서 적용케 하신 정수경교수님, 행복한 자기 관리만이 제자의 행복을 도울 수 있다는 원리를 발견케 하신 조형숙 교수님, 정말 가르쳐야 할 것을 제대로 가르치고자 헌신을 마다하시지 않는 노주희 교수님, 언제나 청년들의 삶 속에 하나님의 말씀은 생명이 있고 살아있어야 한다는 것을 몸소 실천하고 계신 박성남 목사님, 진인사대천명(盡人事待天命)이라는 소중한 말씀을 제 가슴에 새겨주신 그대로 장학관을 역임하시고 대학 강단에서 퇴임 후에도 82세 연세에 지하철 택배일을 하시며 자신의 소신과 신념을 삶에 실천하고 계신 김명해 선생님, 아름다운 그림동화책을 그리고 지으시면서 사람이 가져야 하는 신념과 열정을 유아들에게 심어주고 계시는 박정완 동화작가님 그리고 언제나 저를 기도해 주시며 저의 영어역량의 증진뿐만 아니라 하나님의 사람으로서 교사로서 배우는 자로서의 자세를 바르게 볼 수 있도록 성경에 비추어 보게 하시는 서은정 선생님.

정말 진심으로 이 분들이 제 인생의 정직한 거울임을 자랑하고 싶습니다.

이 분들 앞에서 서는 것이 저의 부족함 때문에 때로는 힘들 때도 있었고 즐거울 때도 있었지만 그 분들의 삶을 바라봄으로써 늘 정확하게 제 모습을 보게 해주시고 격려로 두드려 주신 어깨에 힘이 들어가서 정직한 한 걸음 한 걸음 내딛는 제 발걸음이 참 당당했습니다.

그 분들의 모습이 있었기에 부족한 제 모습도 그 거울에 비추어 보며 오늘도 흉한 고춧가루를 빼고 보기 싫은 눈곱을 떼면서 변화될 제 자신을 기대합니다.

그러면 저도 누군가의 정직한 거울이 될 수 있겠지요.

거울을 들여다보며 자신을 발견하는 영아도 교사가 talk and walk(언행일치)를 하지 않으면 위선을 느낀답니다.

정직한 거울보기를
즐거워합시다.

나오며 ......

이 글을 탈고하면서 많은 눈물을 흘렸습니다.

감사의 눈물입니다.

작은 글이지만 이제야 조금이나마 제 인생에 주신 은혜를 갚을 수 있도록 이 귀한 스승님들의 존함을 올려 드릴 수 있어서 감사드리고, 지금도 여전히 제 앞에 있을 수 있는 인생의 골짜기를 넘는 데에 이 분들의 삶이 제게 든든한 버팀목이 되어 주셔서 감사드립니다.

신념가운데 건강하게 살아계신 스승님들의 본(本), 유치원 현장에서 함께 저와 놀아 준 아이들의 미소뿐만 아니라 불만스런 표정, 강의실에서 만난 저를 더욱 긴장시키고 준비케 해주었던 열의에 찬 학생들과의 끈끈한 교감(交感)은 모두 저를 교사로 세워주신 교사였습니다.

특히, 사랑하는 백석문화대학교 학생들에게 깊은 감사를 드립니다.

2017년 새해에.

애학(愛學) 김승희 드립니다.

저/자/소/개

■ 김 승 희

현, 백석문화대학교 유아교육과 조교수

건국대학교 미생물학 전공
한국과학기술원(KiST) 도핑콘트롤 센타 연구원

중앙대학교 유아교육학 전공
해나라 유치원, 고은유치원 교사
HANDS 영유아 지원연구센타 선임연구원
백석문화대학교 유아교육과 겸임교수

주요 연구

- "나"를 주제로 한 통합적 교육활동 경험이 유아의 자아개념 변화에 미치는 효과
- 도덕교육에 대한 유아교사의 인식과 실태에 관한 연구
- 유아놀이 유형과 유아의 언어, 사회적, 정서능력과의 관계 분석
- 유아의 자아존중감, 또래 상호작용, 놀이성 간의 관계
- 싱가포르 유아교육 · 보육의 선진화 방안에 대한 고찰
- Biochemical Characteriztion of *Bacillus thuringiensis* isolated from Soil(XXI)
- A Study on the Antimutagenic effect of cinnamic acid derivatives in *E.coli PQ37*(SOS Chromotest) (I)

사람을 세우는 **14가지 말**

1판 1쇄 인쇄 — 2017년 1월 10일
1판 1쇄 발행 — 2017년 1월 16일

저　　자 - 김 승 희
발 행 인 - 강 철 원
발 행 처 - 양 성 원
주　　소 - 경기도 파주시 월롱산로 71
전　　화 - 031-946-3861(代)
팩　　스 - 031-946-3864
홈페이지 - tnwpub.co.kr
이 메 일 - tnwpub@naver.com
출판등록 - 2015년 8월 31일 제 2015-000211 호

ISBN 979-11-87118-88-6

정가 14,000원